W9-BHH-766

친환경 아줌마 꼬물댁의

후다닥 아이밥상 +간식

MEDIAWILL

ccomool's letter

맛과 건강, 두 마리 토끼 잡은 무공해 아이밥상!

솔직히 저도 젊었을 때는 인스턴트식품과 패스트푸드가 얼마나 몸에 나쁜지 모르고 살았죠. 게다가 직접 장을 봐서 요리를 해먹는 것보다 그런 것들을 사다가 간편하게 끼니를 때우는 것도 그리 나쁘지 않다고 생각했어요. 나를 위한 시간을 더 효율적으로 사용할 수 있는 방법이라고 생각했지요. 그랬던 제가 친환경 먹을거리에 관심을 갖기 시작한 것은 바로 세상에서 제일 예쁜 우리 딸, 꼬물이가 생기면서부터예요.

아이를 잉태한 엄마는 자연스럽게 태교에 관심을 갖지요. 좋은 음악을 듣고, 좋은 생각을 하고…. 무엇보다 몸 안에서 자라는 아기를 생각하니 결코 아무거나 먹을 수가 없었습니다. 꼬물이가 태어나 모유를 먹이고, 이유식을 만들고, 이제는 어엿한 초등학생이 된 꼬물이의 간식을 준비하는 지금까지 몸에 좋은 먹을거리에 대한 관심의 끈을 놓은 적이 없어요. 더구나 요즘은 트랜스지방이니 식품첨가물이니 해서 유해한 먹을거리에 대한 이야기가 자꾸 나와서 더욱 신경이 쓰인답니다.

아이를 비롯한 가족의 건강이 주부 손에 달려 있어요. 그런데 아이의 미래를 위해서 교육에는 투자를 많이 하면서 정작 아이의 몸과 머리를 만드는 음식에는 참 많이들 무심합니다. 지금 냉장고를 한번 열어 보세요. 혹시 콜라, 사이다, 토마토케첩, 마요네즈, 돈가스 소스, 굴 소스, 잼, 버터, 통조림 들이 가득한 건 아닌지요. 찬장도 열어 보세요. 화학조미료와 맛소금은 없나요? 또 아이들 손에 달콤한 과자와 아이스크림이 들려 있지는 않은지…. 아이의 몸과 감성까지 조금씩 병들게 하는 해로운 음식이 마구 넘쳐나는 세상입니다.

지금부터라도 하나씩 줄여 보세요. 이제는 재료 하나를 고르더라도 몸에 해로운 성분이 들어 있지는 않은지 꼼꼼하게 따져 보세요. 한 발짝만 밖으로 나가도 온갖 해로운 먹을거리에 둘러싸이게 되는 우리 아이들에게 집에서만이라도 건강한 음식을 만들어 주세요.

사실 요즘같이 집 밖에서 먹어야 할 일이 잦은 환경에서 내 아이에게 좋은 음식만 먹이기란 쉬운 일이 아니에요. 학교 급식만 해도 그렇고, 아이를 계속 따라다니며 이거 먹어라 저거 먹어라 잔소리를 할 수도 없고요. 또 많은 사람 앞에서 대부분이 아무렇지 않게 먹는 음식을 나만 유별나게 먹이지 않겠다고 하는 것도 용기가 필요하지요. 그렇다고 손 놓고 있을 수는 없어요. 집에서 먹는 음식만이라도 몸에 좋은 재료와 조리법으로 만들어 줘야지요. 이렇게 한 집, 두 집 실천해 나가다보면 내 아이뿐 아니라 우리 아이들 모두 건강하게 키울 수 있을 테니, 이게 바로 우리 아이들 건강을 지키는 작고도 위대한 첫걸음이 아니겠어요?

너무 복잡하고 손이 많이 가지 않을까 걱정하지 마세요. 꼬물댁은 항상 쉽게 구할 수 있는 재료로 정말 간단하게 만들어요. 복잡한 건 딱 질색이거든요. 만드는 사람도 즐거워야 요리가 맛있는 법이에요. 엄마가 만든 건강한 음식을 많이 먹은 아이일수록 몸도 마음도 튼튼해집니다.

《후다닥 밥상》에 이어 두 번째 책을 내기 위해 애쓰신 미디어윌 여러분, 남은영 님, 김연주 님께 고마운 마음을 전합니다. 예쁜 사진 찍으시느라 수고하신 스튜디오 ETC의 한정수 님, 윤용식 님께도 좋은 인연 맺게 되어 감사드려요. 영원한 나의 우방 꼬물 아빠, 이 세상 무엇과도 바꿀 수 없는 우리 딸 꼬물이와 세상 모든 사랑스러운 아이들을 생각하며 사랑을 담아 이 책을 썼습니다.

2007년 봄
꼬물댁

contents

아이 입맛 사로잡는

part 2 무공해 튼튼 반찬

싫어하는 재료를 감쪽같이~

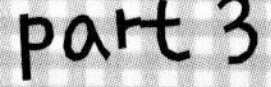

part 3 반짝 아이디어 반찬

반찬 없어도 좋아~

part 4 오감만족 일품요리

과자 달고 사는 우리 아이를 위한

part 5 엄마표 건강 간식

오늘은 특별한 날!

part 6 후다닥 만드는 외식 메뉴

아픈 내 아이를 위한 보양식

part 7 영양만점 건강 죽

책 속 특별 부록

내 아이를 위한 김치

꼬꼬댁의 하나 더!

꼬물댁의 말랑말랑 쉬운 계량법

- 1줌은 손으로 살짝 여유 있게 잡은 양이에요.
- 1토막은 통으로 2cm 길이로 썰었을 때의 양이에요.
- 다시마나 배추김치 1장은 손바닥 크기 정도예요.
- 1컵은 흔히 쓰는 계량컵을 말해요.
  계량컵 대신 200ml짜리 우유팩이나 종이컵을 써도 되지요.
- 1숟갈은 어른 밥숟갈을 사용할 때 된장이나 다진 마늘, 가루 종류는 깎지 말고 자연스럽게 쌓인 정도, 액체는 흐르지 않을 정도로 가득 담긴 양이지요.
- 설탕이나 소금 조금은 엄지와 검지로 살짝 집는 정도, 후춧가루 조금은 2~3회 뿌리는 양이에요.

꼬물댁의 꼬물꼬물 일러두기

- 소금은 고운 소금, 왕소금은 천일염인 굵은 소금을 말해요.
- 청주는 흔히 정종이라 불리는 술을 쓰면 되는데 구하기 쉬운 청하가 무난해요.
  맛술은 가공된 것이니까 쓰지 마세요.
- 찹쌀가루(또는 쌀가루)는 마른 가루를 말해요.
- 식용유는 올리브유나 포도씨유를 주로 사용해요.

식품첨가물, 트랜스지방 걱정을 싹~

꼬물댁의 친환경 요리 노하우

튼튼하고 똑똑한 아이로 키우려면 아이의 몸과 머리를 만드는 음식에 신경을 써야 해요.
덜 가공되고, 식품첨가물이 덜 들어간 건강한 식품을 골라서 먹이는 지혜가 필요해요. 장보기 노하우에서 도시락 아이디어,
식습관 바로잡기까지 꼬물댁이 친환경 요리 노하우를 알려드릴게요.
그리고 아이들이 좋아하는 땅콩잼과 마요네즈를 집에서 만드는 비밀 레시피도 살짝 공개합니다.

FOR KIDS

꼬물댁의 친환경 요리 노하우 1

아이 몸에 좋은 재료로 바꿨어요

마트에 가면 온갖 소스며 인스턴트식품이며 없는 게 없어요.
하지만 우리 아이한테 먹일 건데 아무거나 넣고 요리할 수는 없죠. 이 책에 소개한 요리에는 아무 생각 없이 사용했던 몸에 나쁜 재료들은 쏙 빼고 건강한 재료로 바꿨어요. 맘도 놓이고 맛도 좋답니다.

버터

버터에는 천연 버터와 가공 버터가 있는데, 시중에서 쉽게 볼 수 있는 것은 가공 버터예요. 가공 버터는 여러 가지 식품첨가물과 트랜스지방산이 많이 들어 있기 때문에 식물성 기름인 올리브유와 포도씨유 등으로 바꿔 쓰는 게 좋아요. 팝콘 튀길 때, 토스트를 구울 때, 닭구이 밑간 할 때, 화이트 소스 만들 때 버터 대신 쓰면 맛도 더 담백해요. 또 부침이나 튀김을 할 때도 정제 식용유 대신 올리브유와 포도씨유를 쓰면 좋답니다.

마요네즈

시판하는 마요네즈는 방부제와 유화제 등 여러 가지 식품첨가물이 들어 있어요. 직접 만들어 쓰면 좋겠지만, 매번 만들기는 번거로운 게 사실이지요. 음식에 넣을 때는 다른 재료로 같은 효과를 낼 수 있어요. 옥수수치즈구이는 우유와 슬라이스 치즈를 녹여서 버무리면 되고, 감자샐러드를 비롯한 각종 샐러드의 소스는 플레인 요구르트나 우유로 대신해 맛을 낼 수 있지요.

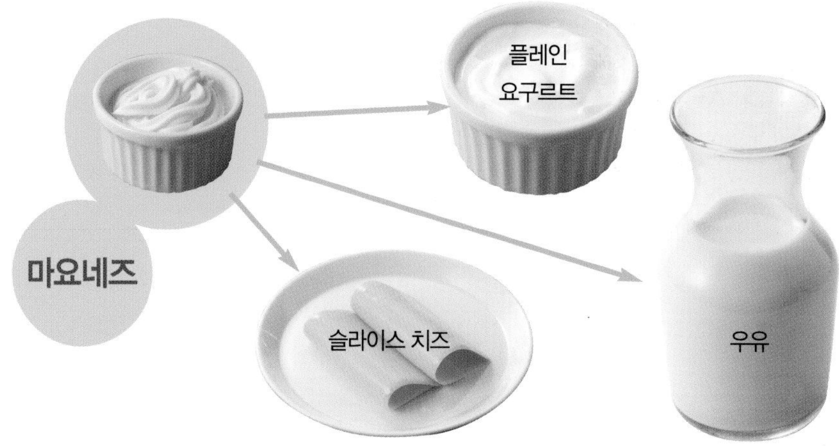

정제 설탕

설탕 중에서 흑설탕이 영양소가 제일 많고, 그 다음이 황설탕, 백설탕 순이라고 알고 있지요? 하지만 일반 매장에서 파는 백설탕, 황설탕, 흑설탕은 모두 정제당이에요. 사탕수수 원당에서 섬유소, 미네랄, 비타민 등이 다 빠지고 당분만 남은 거지요. 유기농 매장에서 정제되지 않은 원당을 사서 쓰거나 조청이나 꿀로 대신해도 좋아요. 물엿, 올리고당처럼 표백이나 정제 과정을 거친 것은 말고요. 꼬물댁이 쓰는 조청은 국산 쌀 100%로 만든 것인데 은근하고 구수해요. 조리거나 고기 잴 때 쓰면 윤기가 나고 국물의 농도도 적당하지요. 또 아이 간식을 만들 땐 꿀을 자주 써요.

바비큐 소스

인스턴트 소스는 간편하지만 여러 식품첨가물이 들어 있어서 쓰지 않는 게 좋아요. 많이 쓰는 바비큐 소스의 경우, 사과나 토마토를 갈아 진간장, 설탕, 조청 등을 섞은 양념으로 대신할 수 있어요. 돼지등갈비구이, 닭꼬치구이 등을 만들 때 이용하면 좋지요.
스파게티나 그라탱 등에 쓰는 파스타 소스도 토마토, 진간장, 설탕, 양파, 마늘, 버섯 같은 천연 양념으로 맛을 내고 녹말물로 농도를 맞추면 훨씬 건강하고 신선한 맛을 낼 수 있어요.

굴 소스

중국 요리를 할 때 주로 쓰는 굴 소스는 파, 마늘, 생강 같은 향신채와 진간장, 설탕으로 맛을 내면 돼요. 예를 들어 부추잡채를 만들 때 식용유에 생강, 마늘, 대파를 볶아 향을 내고 나중에 진간장과 설탕으로 간을 하면 훨씬 깔끔한 맛이 나는 부추잡채가 된답니다.

피시 소스

피시 소스는 동남아 요리에 자주 쓰는 소스로 우리나라 맑은 액젓과 비슷해요. 월남쌈의 소스를 만들 때도 까나리 액젓에 설탕, 물, 식초 등을 섞으면 오히려 우리 입맛에 더 잘 맞는 소스를 만들 수 있지요. 까나리액젓은 김치뿐 아니라 찌개나 국물요리 할 때 넣어도 좋아요. 특유의 감칠맛이 난답니다.

꼬물댁의 친환경 요리 노하우 2

똑 소리 나는 친환경 장보기

언제부터인가 '친환경 아줌마 꼬물댁'이라고 불려지면서 식재료 하나라도 아무렇게나 사지 않아요. 친환경 제품에도 등급이 있고, 가공 식품에는 몸에 해로운 식품첨가물이 버젓이 들어가 있어요. 이제는 요모조모 꼼꼼하게 따져서 아이 건강을 지키세요.

어릴 때부터 먹는 것에 신경을 써서 그런지 꼬물이는 잔병치레 없이 건강하게 자랐어요. 요즘 아이들이 아토피성 피부염 등으로 고생하는 걸 보면 건강한 꼬물이가 얼마나 고마운지 몰라요. 또 아토피성 피부염이나 알레르기성 비염 등을 친환경 먹을거리와 좋은 환경으로 고치는 사례들을 보면 엄마가 아이에게 어떤 먹을거리를 주느냐에 따라 아이의 평생 건강이 결정된다는 생각이 들어 어깨가 무거워져요.

얼마 전에 관심이 많았던 책 한 권을 드디어 읽었어요. 가공식품이 우리 아이들에게 얼마나 많은 해를 끼치고 있는지에 관한 이야기를 담고 있는 책인데, 본문에 이런 글이 있더라고요.

'오늘날 주부들은 두 가지 점에서 경제성장에 크나큰 기여를 하고 있습니다. 하나는 무분별하게 가공식품을 소비함으로써 식품산업을 번창시킨다는 점이요, 또 하나는 가족을 질병에 걸리게 함으로써 의료산업을 발전시킨다는 점입니다.'

어찌 보면 좀 심하다 싶기도 하지만, 요즘 주부들이 해야 할 일이 무엇인가를 잘 꼬집었다는 생각이 들었어요. 이 글을 꼬물댁은 이렇게 살짝 바꿔 말하고 싶네요.

'오늘날 주부들은 두 가지 점에서 가정경제에 기여할 수 있습니다. 하나는 가공식품을 줄임으로써 그에 따른 비용을 절약할 수 있고, 또 하나는 건강한 먹을거리로 가족의 건강을 지킴으로써 의료비 지출을 줄일 수 있습니다.'

가공식품 구입을 줄이고 가족에게 친환경 먹을거리를 내는 것이야말로 가족 건강과 가정 경제 두 가지를 모두 지킬 수 있는 가장 좋은 방법인 것 같아요.

아는 것이 힘! 친환경 농산물 마크

채소나 과일 매장에서 많이 볼 수 있는 친환경 농산물 마크는 국립농산물품질관리원에서 농가의 재배 방법, 품질 관리, 경영 관리 등을 검토해 적격품에 한해서 붙이는 마크인데, 얼핏 보면 한 가지인 것 같지만 알고 보면 네 가지나 돼요. 그림이 비슷비슷하니까 자세히 살펴보고 고르세요.

유기농산물

3년 이상 농약과 화학비료를 쓰지 않고 재배한 농산물

전환기유기농산물

1년 이상 농약과 화학비료를 쓰지 않고 재배한 농산물

무농약농산물

농약은 쓰지 않았지만, 화학비료를 권장 사용량의 $\frac{1}{3}$ 이하로 쓰고 재배한 농산물

저농약농산물

농약과 화학비료를 권장 사용량의 $\frac{1}{2}$ 이하로 쓰고 재배한 농산물

알송달쏭 식품첨가물 엿보기

우리나라에서 식품첨가물로 허가된 화학물질이 400가지가 넘어요. 각종 가공 식품마다 식품첨가물이 들어가 있다고 보면 돼요. 허가는 되어 있지만 오랜 기간 섭취하면 몸속에 쌓여 유전인자에 영향을 줄 수도 있대요. 가급적 덜 가공된, 식품첨가물이 덜 들어간 식품을 고르세요.

방부제

소르빈산칼륨, 벤조산나트륨, 살리실산, 데히드로초산나트륨

세균류의 성장을 막거나 억제해 부패를 막는 화학물질이에요. 중추신경마비, 출혈성 위염, 발암, 염색체 이상, 눈과 피부 점막 자극 등의 부작용이 있어요. 치즈, 초콜릿, 빵, 햄, 마가린, 토마토케첩, 음료수, 오이지, 단무지, 간장, 고추장 등 장기간 보관하는 식품이나 수입 식품은 모두 방부제가 들어 있다고 보면 돼요.

합성감미료

둘신, 사이클레메이트, 사카린나트륨

단맛을 내는 화학물질로 그 효과가 설탕의 수백 배나 돼요. 영양가는 거의 없고 많이 먹으면 몸에 해가 되기 때문에 특별한 경우가 아니면 쓰지 않는 것이 좋아요. 소화기장애, 콩팥장애, 발암 등의 부작용이 있답니다. 청량음료, 과자, 빙과, 간장 등에 들어 있어요.

화학조미료

MSG (글루타민산나트륨)

화학조미료의 성분인 MSG(Monosodium L-glutamate)는 식품에 없는 맛을 내거나 맛을 더 강하게 하는 물질이에요. 어린이 뇌손상, 천식, 우울증, 현기증, 손발저림, 두통, 어린이 입의 신경세포 파괴 등을 일으킬 수 있다고 해요. 과자, 통조림, 음료수, 캐러멜, 맛소금 등에 들어 있어요.

착색제

타르색소

식품은 색에 따라 맛있어 보이기도 하고 맛없어 보이기도 하잖아요. 그래서 착색료를 쓰는 거죠. 하지만 간과 혈액에 좋지 않은 영향을 줄 수 있고 콩팥장애, 발암 등의 부작용도 있을 수 있어요. 치즈, 버터, 아이스크림, 과자, 사탕, 소시지, 통조림, 푸딩 등을 살 때 잘 살펴 보세요.

발색제

아질산나트륨, 아초산나트륨

햄, 베이컨, 소시지, 어묵 등에 쓰이는 아질산나트륨은 단백질과 결합해 암, 빈혈, 구토, 호흡기능악화 등을 유발하는 것으로 알려진 니트로사민이라는 물질을 만든다고 해요. 특히 아질산나트륨은 WHO(세계보건기구)에서 어린이용 식품에 사용하지 말라고 권하는 물질이지요. 식물성 발색제인 황산 제1철은 산성에서 적색, 알칼리성에서 청색을 나타내는데 채소, 과일의 발색제로 쓰여요.

팽창제

명반, D-주석산수소칼륨 등

빵이나 과자를 부풀리는 화학물질로 카드뮴, 납 등의 중금속 함량이 높아요. 빵, 카스텔라, 비스킷, 초콜릿 등을 만들 때 넣지요.

산화방지제

부틸히드록시아니졸(BHA), 부틸히드록시톨루엔(BHT) 등

지방 식품과 탄수화물 식품의 변색을 늦추기 위해 넣는 식품첨가물이에요. 콜레스테롤 상승, 유전자 손상, 염색체 이동 등의 부작용이 있을 수 있어요. 크래커, 주스, 쇼트닝 등에 많이 쓴답니다.

표백제

아황산나트륨

식품을 깨끗하게 보이려고 환원제나 산화제로 색소를 분해하는 거예요. 어묵 등에 쓰는 과산화수소는 비교적 식품에 오랫동안 남아 있기 때문에 사용기준을 정해 잔존량을 규정하고 있으니까 꼼꼼히 살펴보세요. 순환기장애, 위점막 자극, 천식 유발, 호흡기점막 자극, 눈 자극, 유전자 손상, 염색체 이상 등의 부작용에 주의해야 해요. 과자, 빵, 빙과류에 들어 있어요.

살균제

표백분과 고도 표백분, 차아염소산나트륨

어육 제품을 살균하는 데 쓰이는 화학물질로 피부염, 암 유발 등의 우려가 있어요. 표백분과 차아염소산나트륨은 유지, 전분 등의 표백과 음료수, 채소 등의 살균 소독에 쓰이는데, 음료수에 포함된 비타민 E를 파괴하거나 우리 몸에 유익한 장내 세균을 죽이는 작용을 한다고 해요. 두부, 어묵, 햄, 소시지 등을 살 때 따져 보세요.

위험한 유혹! 트랜스지방

과자나 패스트푸드에 많이 들어 있는 트랜스지방. 혈관 벽에 차곡차곡 쌓여 천천히 위력을 발휘한다고 해요. 두뇌 활동을 저하시키고 과잉행동증후군을 유발한다는 얘기도 나오고 있어요. 아이들이 많이 먹는 감자튀김, 케이크, 팝콘 등에 들어 있다고 하니 더욱 걱정입니다. 트랜스지방에 대해 꼼꼼히 짚어 보고 식탁에서 몰아내세요.

트랜스지방이란?

얼마 전까지만 해도 동물성 기름인 포화지방이 비만이나 동맥경화증, 심장병 같은 혈관 질환의 주요 원인이라고 하여 천대받은 반면, 식물성 기름인 불포화지방은 혈관 건강에 도움을 주는 것으로 알려져 대접을 받은 적이 있어요. 그런데 요즘 트랜스지방이라는 새로운 문제아가 떠오르면서 판도가 바뀌었지요. 미국 하버드대 공중보건대학원은 트랜스지방의 혈중 콜레스테롤에 대한 해악이 포화지방의 두 배라고 제시하기까지 했으니 말이에요. 혈관에 쌓이면 나가지 않는다고 해요.

트랜스지방은 식물성 기름에서 생기는 거예요. 액체인 식물성 기름을 고체나 반고체 상태로 가공할 때 기름이 산화되면서 맛과 색이 변하고 불쾌한 냄새가 나지요. 이를 억제하기 위해 수소를 첨가하는데, 그 과정에서 수소와 결합해 만들어지는 것이 트랜스지방이라고 해요. 마가린, 쇼트닝, 마요네즈, 파이, 피자, 햄버거, 감자튀김, 도넛, 케이크, 쿠키, 크래커, 팝콘 등에 들어 있는 것으로 알려져 있고, 부드럽고 고소하고 바삭바삭할수록 많이 들어 있다고 해요.

트랜스지방을 많이 섭취하면 포화지방과 마찬가지로 체중이 늘어나는 것은 물론, 콜레스테롤 수치가 높아지고, 심장병, 동맥경화증 같은 혈관 질환이 올 수 있대요. 또 간암, 위암, 대장암, 유방암, 당뇨병과 어린이 과잉행동증후군과도 관련이 있다고 하니 그 유해성이 어마어마하죠? 이런 위험성 때문에 미국식품의약국(FDA) 등 세계 각국에서는 트랜스지방 함량 표시제를 의무화하는 방안을 추진하고 있어요.

트랜스지방을 덜 섭취하기 위해 식품을 살 때 트랜스지방 함량 표시를 꼼꼼히 확인하는 것도 좋지만, 제일 좋은 건 역시 안 먹는 것 아니겠어요? 요리할 때 마가린이나 마요네즈 같은 건 절대 쓰지 마세요. 또 식물성 기름이라도 24시간 튀김을 하면 트랜스지방이 처음보다 5~10% 늘었다는 조사 결과가 있어요. 그러니까 한 번 쓴 기름은 미련 없이 버리세요.

트랜스 지방 제로! 집에서 손쉽게 만드는 감자칩과 고구마튀김

꼬물이가 가장 좋아하는 간식은 고구마와 감자예요. 고구마와 감자는 탄수화물이 많이 들어 있어서 쑥쑥 크는 아이들에게 중요한 에너지 공급원이 되죠. 게다가 단백질과 비타민, 각종 미네랄이 고루 들어 있으니 영양 만점의 간식 재료 아니겠어요? 꼬물이는 그냥 찌거나 구워서 먹는 걸 가장 좋아하는데, 때로는 튀긴 것을 찾기도 해요. 하지만 트랜스지방이 많은 감자튀김이나 고구마튀김을 사 먹일 수는 없으니 집에서 간단하게 만들어 준답니다.

감자나 고구마를 얇게 썰어 오븐에 굽기만 하면 칩을 만들어 줄 수 있고, 가늘게 채 썰어 튀겨 주면 트랜스지방이 없는 감자튀김, 고구마튀김을 먹일 수 있죠. 아니면 포슬포슬하게 찐 감자나 고구마를 으깨서 우유나 치즈를 곁들여 그라탱을 만들어 줘도 좋고요. 엄마가 조금만 관심을 가진다면 얼마든지 다양한 간식거리를 만들어 줄 수 있어요.

고구마와 감자는 값도 싸서 일석이조예요. 특별한 경우가 아니면 사계절 내내 값싸게 풍성한 간식을 만들어 줄 수 있답니다. 마트에서 조금씩 사도 되지만, 요즘은 인터넷을 통해 상자 단위로 훨씬 싸게 살 수 있으니 맘이 맞는 집과 공동구매하여 나눠 먹는 것도 좋은 방법이죠.

감자, 고구마 외에도 밤, 옥수수, 단호박, 달걀 등도 좋아요. 어릴 때 어머니께서 해 주셨던 간식거리를 고스란히 응용해서 만들어 주세요.

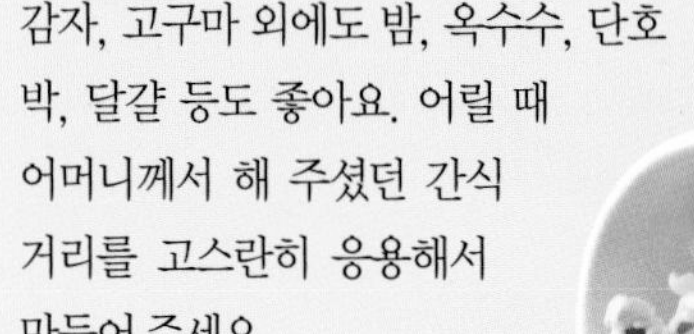

꼬물댁표 땅콩잼 & 두유마요네즈

꼬물이가 좋아하는 땅콩잼과 마요네즈. 사 먹는 건 식품첨가물과 트랜스지방 때문에 마음이 안 놓여서 직접 만들어 주고 있어요. 들어가는 재료가 몇 가지 안 되는데다 커터와 믹서에 갈기만 하면 되니 이보다 간단한 게 없지요. 파는 것보다 훨씬 고소해요.

꼬물댁표 하나 땅콩잼

재료 볶은 땅콩 1컵, 소금 $\frac{1}{4}$숟갈
만들기 땅콩을 껍질을 벗겨서 소금을 넣어 커터로 부드러워질 때까지 곱게 갈아요.

꼬물댁의 요리 비법!

뭔가 더 들어가야 할 것 같죠? 하지만 땅콩과 소금만 있으면 된답니다. 땅콩을 조금 덜 갈면 알갱이를 씹는 맛이 있어 색다르니 어느 정도 갈 건지는 입맛에 맞게 조절하세요.
땅콩잼은 그대로 빵에 발라 먹어도 좋지만 꿀, 파슬리가루를 섞어서 발라 먹으면 더 맛있답니다. 냉장고에 3~4일 두고 먹을 수 있어요. 차가우면 단단해지니 살짝 데워서 드세요. 한결 부드러워져요.

꼬물댁표 둘 두유마요네즈

재료 두유 $\frac{1}{2}$컵, 포도씨유(또는 식용유) $\frac{1}{2}$컵, 식초 1숟갈, 꿀 1숟갈, 소금 조금
만들기 두유를 믹서에 넣고 포도씨유를 조금씩 넣어 주면서 갈다가 식초, 꿀, 소금을 넣고 조금 더 갈아요.

꼬물댁의 요리 비법!

처음엔 농도가 묽지만 냉장고에 넣어 두면 점점 단단해져요. 보관은 냉장고에서 2~3일 정도 둘 수 있으니까 한두 번 먹을 양만큼씩 만들어 드세요.
두유마요네즈는 그대로 먹어도 되지만 샐러드드레싱을 만들 땐 두유마요네즈 4숟갈, 플레인 요구르트 $\frac{1}{4}$컵, 꿀 2숟갈, 식초 1숟갈을 섞으면 훨씬 더 맛있어요. 여기에 파인애플, 키위 같은 과일을 다져 넣어도 맛있답니다.

꼬물댁의 친환경 요리 노하우 3

건강간식 무엇으로 만들까?

맛있는 음식의 첫 번째 비결은 뭐니뭐니해도 좋은 재료에 있지요.
꼬물이 반찬이나 간식을 만들 때 즐겨 쓰는 식품들을 소개할게요. 몸에 좋을 뿐 아니라 맛도 있어서
꼬물이도 아주 좋아하는 식품이랍니다. 덕분에 꼬물이 입맛이 신토불이가 되었어요.

채소류

감자

비타민 B1, B2, C가 풍부하다고 해요. 특히 감자의 비타민 C는 익혀도 파괴되지 않는다니 간식 재료로 그만이지요. 감자 싹에는 '솔라닌'이라는 독성 물질이 있어요. 혹시라도 집에 있는 감자에 싹이 나면 꼭 도려내세요.

고를 때는 모양이 둥그스름하고 묵직하면서 껍질이 얇은 게 맛있어요. 주름이 많거나 얼룩덜룩한 것은 피하세요.

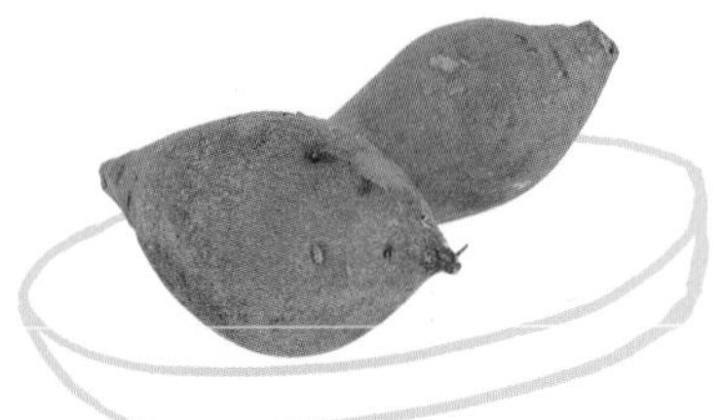

고구마

비타민 C가 듬뿍 들어 있고, 무엇보다 섬유질이 풍부해서 변비에 걸렸을 때 효과 만점이에요. 가열하면 단맛이 강해져서 찌거나 구우면 맛있지요. 나트륨의 배출을 돕는 칼륨이 풍부해 염분이 많은 김치랑 먹으면 찰떡궁합이지요.

고를 때는 색깔이 붉고 단단하면서 움푹 파인 곳이 적고 매끈한 것을 고르세요.

애호박

몸속에서 비타민 A로 바뀌는 카로틴이 풍부해요. 연해서 아이들 반찬으로 참 좋은데, 쉽게 무르니까 조금 도톰하게 썰어서 조리하는 게 좋아요. 살살 씻어 물기를 닦은 뒤 비닐 랩으로 싸서 냉장고에 넣어 보관하세요.

고를 때는 너무 크지 않으면서 윤기 나고 예쁘게 생긴 것이 맛도 좋아요. 흠이 생기면 금세 짓무르니까 상처가 없는지도 살피세요.

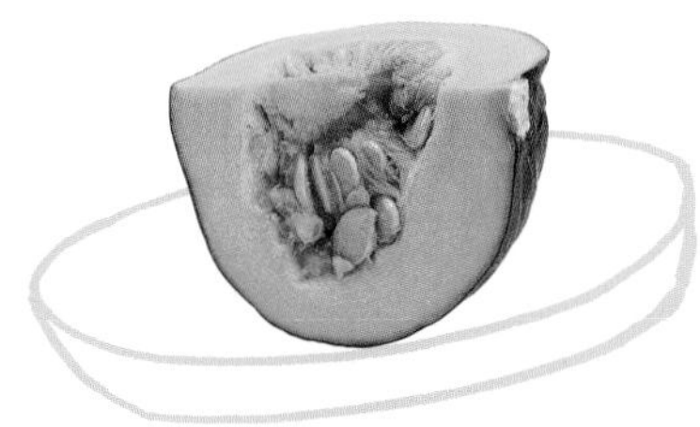

단호박

단맛이 강하고 소화 흡수가 잘 돼서 간식 재료로 최고예요. 카로틴과 비타민 C, 미네랄도 풍부하지요. 씨에도 영양이 듬뿍 들어 말려서 볶아 먹으면 좋아요.

고를 때는 전체적으로 진한 녹색이면서 밑 부분만 약간 노르스름한 게 맛있어요. 묵직하고 단단한 것, 겉에 상처가 없는 것을 고르세요.

브로콜리

비타민 A, B1, B2와 미네랄이 풍부하고, 비타민 C는 레몬의 두 배나 된다고 해요. 쉽게 물러지기 때문에 2~3일 안에 먹는 게 좋아요. 오래 둘 경우에는 데쳐서 물기를 빼고 냉동하세요.

고를 때는 모양이 둥글고 빽빽한 것이 좋아요. 누렇게 변하거나 줄기가 갈라진 것은 싱싱하지 않은 거니까 피하세요.

토마토

비타민 A, B1, B2, C 등이 골고루 들어 있는 비타민의 보고예요. 특히 비타민 C는 두 개 정도만 먹으면 하루에 필요한 양을 모두 섭취할 수 있을 정도라고 해요.

고를 때는 색깔이 진하고 탱탱하며 꼭지가 마르지 않은 것이 싱싱해요. 특히 요리에 쓰는 토마토는 빨갛게 익은 것이 좋답니다.

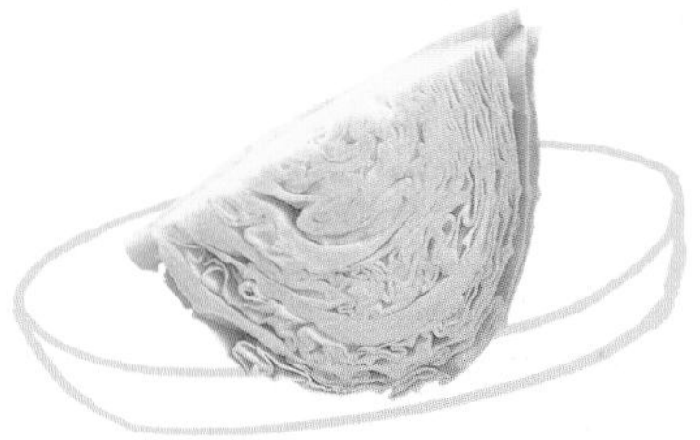

양파

재료의 잡냄새를 없애고 단맛이 나서 즐겨 쓰는 재료예요. 조리하기 전에 썰어서 물에 담가 두면 매운 맛을 뺄 수 있어요.

고를 때는 알이 단단하고, 껍질이 잘 말라 투명하고 윤기 나면서 부서지는 것이 좋아요.

양배추

비타민 A, B, C가 모두 풍부할 뿐 아니라 칼슘과 필수아미노산인 라이신이 많아 자라는 아이들에게 좋아요.

고를 때는 속이 꽉 차고, 겉잎이 녹색이고, 밑동의 단면이 마르지 않은 것을 고르세요.

표고버섯

뼈를 튼튼하게 하고 면역력을 높여요. 먼지를 털듯이 가볍게 씻으세요. 보관할 때는 물기를 빼서 주름이 위로 가게 뒤집어 두세요.

고를 때는 갓이 두껍고, 끝이 약간 오므라져 있으면서 줄기가 짧은 것이 좋아요.

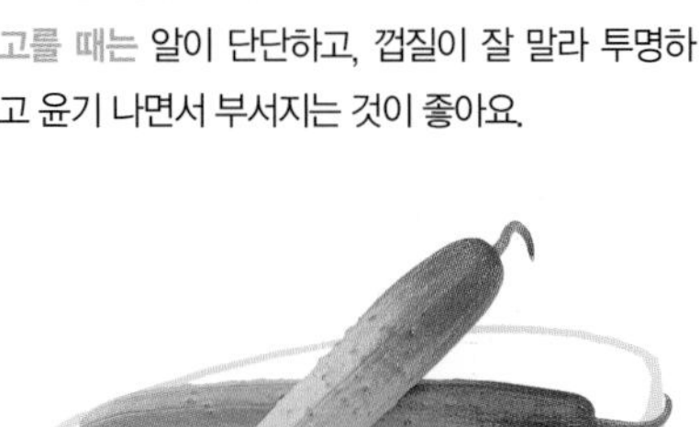

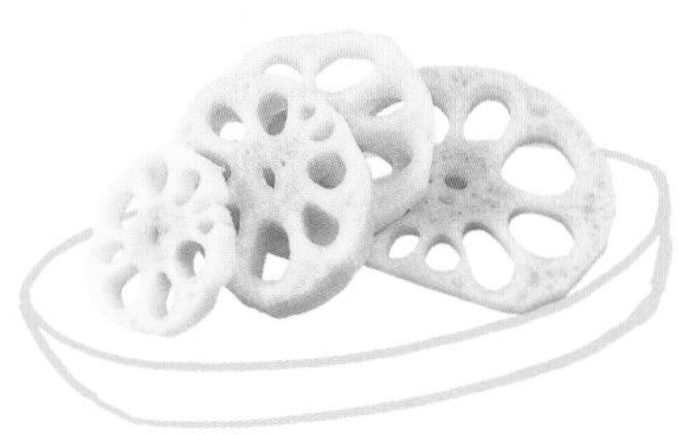

오이

비타민 C와 미네랄, 칼륨 등이 풍부한 여름 채소지요. 수분이 많아서 아삭아삭하고 신선한 맛이 좋아요.

고를 때는 모양이 곧고 굵기가 고른 것이 맛있어요. 오톨도톨한 돌기가 있고, 윤기가 나는 것이 싱싱한 오이랍니다.

당근

당근에 들어 있는 카로틴은 지용성이라서 기름에 볶아 먹으면 흡수가 더 잘 돼요. 잘게 썰어 데쳐서 냉동해 두었다가 카레나 볶음밥 할 때 쓰면 편해요.

고를 때는 단단하고, 모양이 고르고, 잔뿌리가 없는 것, 밑동이 검지 않은 것을 고르세요.

연근

비타민 C가 풍부해 감기나 호흡기 질환을 예방하는 데 좋아요. 또 식물성 섬유가 많아 장에도 좋고요. 조리할 때 끓는 물에 식초를 조금 넣고 데치면 색깔도 뽀얘지고 떫은맛도 빠진답니다.

고를 때는 껍질이 있는 것으로 사고, 너무 굵지 않고, 흠이 없는 것이 좋아요.

유기농 매장에서 사는 식재료

우리밀가루 · 통밀가루 아이 건강을 생각한다면 흔히 파는 수입밀가루 대신 우리밀을 쓰세요. 우리밀 중에서도 영양소가 풍부한 통밀가루를 쓰면 더 좋지요. 우리밀가루로 음식을 만들면 약간 거칠다는 느낌이 들긴 하지만, 씹을수록 구수하고 자연스러운 맛이 납니다.

우리밀국수 · 통밀국수 국수도 수입 밀가루로 만든 것보다 우리밀로 만든 것을 쓰는 게 좋겠죠? 방부제 걱정을 하지 않아도 되니까요. 우리밀국수나 통밀국수는 일반 국수에 비해 덜 부드럽고 찰기가 부족하긴 해요. 하지만 자꾸 먹다 보면 훨씬 구수하게 느껴진답니다. 삶을 때는 일반 국수보다 조금 더 삶으세요.

식품첨가물 없는 어묵 · 햄 · 소시지 어묵이나 햄, 소시지는 아이 반찬이나 간식을 만들 때 애용하지만, 건강에 좋지 않은 식품첨가물이 들어 있어서 먹이기가 꺼림칙해요. 반드시 성분을 꼼꼼하게 따져 보고 방부제, 발색제 등이 들어 있지 않은 제품을 사세요.

냉동 옥수수 옥수수알은 아이들이 좋아해 많이 쓰는 재료죠. 이왕이면 냉동 옥수수로 아이 간식을 만드세요. 유기농 옥수수를 익혀서 그대로 냉동한 제품이에요.

과일류

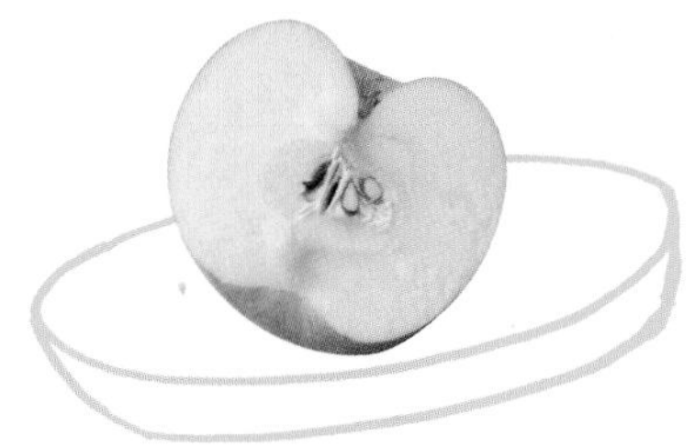

사과

비타민 B, C가 풍부해서 많이 먹으면 예뻐지는 과일이지요. 그냥 먹어도 좋지만, 조림 등 간식을 만들어 주면 잘 먹어요. 껍질 바로 밑에 비타민이 많다고 하니까 껍질을 벗길 때는 최대한 얇게 벗기세요.

고를 때는 색이 진하고 단단한 것이 맛있어요. 껍질이 끈끈한 것은 수확한 지 오래되었거나 나무에서 너무 익은 것이라고 해요.

바나나

비타민과 미네랄, 섬유질 등이 풍부하고 부드러워서 아이들 간식으로 참 좋아요. 엽산과 비타민 B_1이 많아 저항력을 키워 준다고도 하고요. 냉장고에 넣어 두면 껍질이 까맣게 변하니까 실온에 보관하세요.

고를 때는 바나나는 껍질에 거뭇거뭇한 점이 생길 때 가장 맛있답니다. 바로 먹으려면 주근깨처럼 점이 있는 것을 사고, 며칠 둘 거면 꼭지에 녹색 빛이 남아 있는 것을 사세요.

호두 · 잣 · 땅콩

두뇌 발달을 돕는 식품이니 자주 먹여야죠. 호두는 단백질이 많아 추위를 이기는 데 좋고, 땅콩은 단백질과 필수아미노산이 풍부해 근육을 튼튼하게 한대요. 견과류의 지방은 금세 변질되니까 밀봉해서 냉동보관 하세요.

고를 때는 유통기한에 신경 쓰세요. 지방이 산화하면 맛이 떨어지고 발암 물질이 생기거든요. 호두는 껍데기가 얇고 올록볼록한 것이 맛있어요. 잣은 윤기 있고 씨눈이 거의 없는 것, 땅콩은 껍데기가 잘 부서지지 않고 껍데기 안쪽이 하얀 것이 국산이에요.

고기류

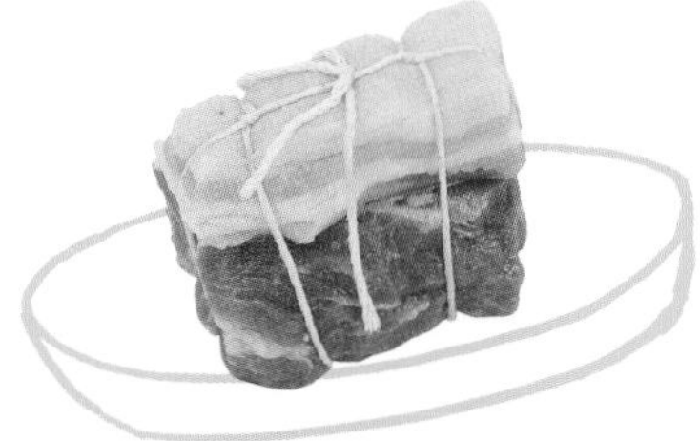

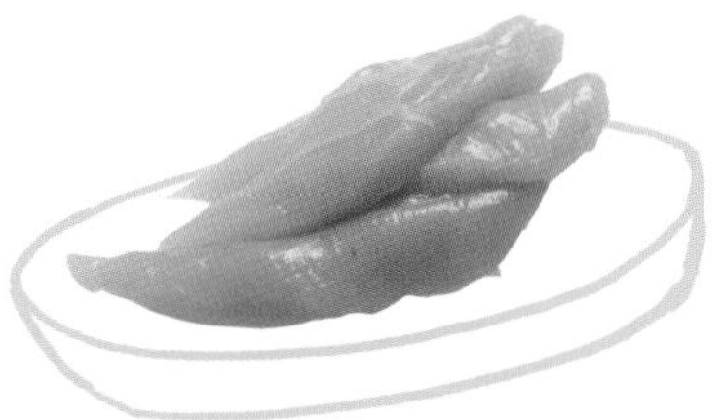

쇠고기

질 좋은 단백질이 풍부해 한창 크는 아이들에게 필요한 식품이지요. 구이나 튀김으로는 안심과 등심이 좋고, 불고기로는 목살이나 다리살이 맛있어요. 국물 낼 때는 양지머리가 적당하고요. 핏물을 우릴 때 너무 오래 우리지 마세요.

고를 때는 살이 선홍색이고 촉촉하면서 탱탱해야 신선해요. 지방은 우윳빛이 돌아야 하고요. 등심이나 안심은 지방층이 고루 퍼져 있어야 부드럽고 감칠맛이 나죠.

돼지고기

다양한 요리를 할 수 있어서 자주 이용한답니다. 구이로는 삼겹살, 목살, 갈비를 쓰고, 안심과 등심은 지방이 거의 없어 튀김이나 잡채, 완자 등을 만들 때 쓰면 좋아요. 냉동했다가 꺼내 쓸 때 청주를 뿌려 녹이면 누린내가 없어져요.

고를 때는 연한 분홍색을 띠고 살에 탄력이 있어야 해요. 칼로 썰었을 때 칼에 달라붙으면 신선한 거예요. 결이 곱고, 지방이 희고 단단해야 연하고 냄새가 없어요.

닭고기

지방이 적고 담백해서 쓰임새가 많아요. 아이들도 좋아하고요. 조리할 때는 껍질과 지방을 떼어 내세요. 보관 기간이 짧으니까 바로 조리하는 게 좋아요. 이틀 이상 보관해야 한다면 바로 냉동실에 넣어 두세요.

고를 때는 살이 분홍빛을 띠는 것, 껍질이 투명하고 윤기가 나며 모공이 솟아 있는 것이 신선해요. 냉동 닭은 퍽퍽하고 누린내가 많이 나요. 반드시 냉장된 것을 사세요.

해물류

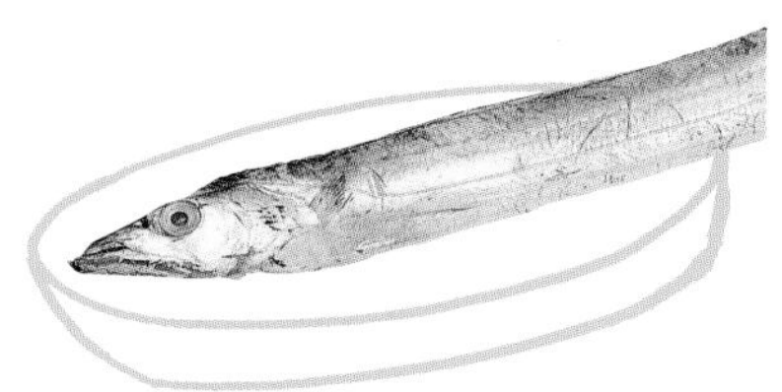

갈치 · 대구

흰살 생선은 맛이 담백하고 부드러워서 아이들이 잘 먹어요. 비린내가 적기 때문에 양념을 강하게 하지 않아도 되고 소화도 잘 돼서 아이들 먹이기에 그만이지요. 갈치의 은색 비늘은 소화가 잘 안 되니까 긁어내고 조리하세요.

고를 때는 갈치는 살이 단단하고 은색 비늘이 벗겨지지 않은 게 신선한 거예요. 대구는 눈이 맑고 튀어나온 것, 아가미가 선명하고 살이 탄력 있는 것을 고르세요.

오징어 · 낙지

지방은 적고 단백질은 풍부한 영양 식품이지요. 생물을 사다가 손질해서 한 번 먹을 만큼씩 비닐봉지에 담아 냉동해 두면 조금씩 꺼내 쓰기 편해요. 오징어 껍질을 벗길 땐 종이타월로 잡고 당기면 잘 벗겨진답니다.

고를 때는 분홍빛을 띠고 냄새가 나면 신선하지 않은 거예요. 오징어는 진한 갈색이나 연회색을 띠는 것, 낙지는 우윳빛을 띠고 다리가 모두 온전한 것을 사세요. 너무 큰 것은 질기고, 중간 것이 맛있어요.

새우

다양한 비타민과 미네랄이 들어 있고 필수아미노산이 풍부해요. 배 쪽에 칼집을 넣거나 데칠 때 등 쪽에 꼬챙이를 끼워 구부러지지 않도록 하면 모양을 살려 조리할 수 있지요. 남은 새우는 껍데기째 살짝 데쳐 물기를 닦은 후 냉동해 두세요.

고를 때는 껍데기가 두껍고 투명하며 윤기가 나는 것이 좋아요. 수염과 다리가 떨어진 것은 오래된 것이니까 피하시고요.

조개 · 굴

비타민과 미네랄이 풍부하고 소화가 잘 돼서 아이들에게 부담이 없어요. 조개는 깨끗이 손질해 냉동해 두었다가 나중에 꺼내 쓰면 좋은데, 껍데기째 냉동하면 나중에 껍데기가 잘 안 벌어져요. 살만 발라서 옅은 소금물에 헹궈 냉동하는 게 좋아요.

고를 때는 쉽게 상하기 때문에 신선도가 중요하답니다. 조개는 입을 다물고 있고 비린내가 나지 않는 것을 고르세요. 굴은 맑은 우윳빛을 띠고 살이 단단한 것이 신선해요.

마른멸치

우리 아이들을 튼튼하게 키우기 위해 꼭 먹여야 할 대표적인 칼슘 식품이지요. 자주자주 식탁에 올리자고요. 보관할 때는 다른 식품에 냄새가 배지 않도록 밀봉해 두세요. 한 달 이상 둘 경우에는 냉동하시고요.

고를 때는 잔멸치는 뽀얗고 맑으며 푸른빛이 도는 것, 중간 멸치와 굵은 멸치는 황금빛이 도는 게 맛있어요. 대가리가 떨어졌거나 배가 터진 것, 부서진 것은 오래된 거예요.

다시마

국물 낼 때 꼭 필요한 재료지요. 적당히 썰어서 밀폐용기에 담아 냉동실에 두고 하나씩 꺼내 쓰면 좋아요. 겉에 묻어 있는 흰 가루는 다시마 자체에서 나오는 거니까 닦지 말고 먼지를 닦는 정도로만 손질하세요.

고를 때는 두껍고 바싹 마른 것을 사세요. 얇은 것은 맛이 없거든요. 윤기가 나고 흰 가루가 있는 것을 고르고, 썰어 놓은 것보다 통으로 사는 것이 좋아요.

꼬물댁의 친환경 요리 노하우 4

작은 소리로 아이 식습관 바로잡기

아이들은 밥 먹을 때 왜 그리 골라내는 게 많은지 몰라요. 그뿐인가요? 제때 제때 먹지도 않지요. 한창 자랄 때인데 굶길 수도 없고, 안 먹으면 혼난다고 매일 윽박지를 수도 없고…. 아이의 식습관을 바로잡는 데는 요령이 필요하답니다. 그리고 사랑과 인내로 꾸준히 노력해야 해요.

편식이 심하다고요?

1 안 먹는 재료들을 살짝 숨겨서 먹이세요

어른들도 좋아하는 음식은 자꾸 먹게 되고, 싫어하는 음식은 젓가락도 안 대잖아요. 아이들이야 오죽하겠어요. 아이만 너무 나무라지 마세요. 음식이 싫은 탓도 있겠지만 익숙하지 않아서일 수도 있으니까 자꾸 맛을 들일 수 있게 해야 해요. 꼬물이는 재료를 골고루 넣은 채소밥을 사골국물하고 먹였어요. 부침개나 튀김, 죽 같은 것도 많이 이용하고요. 아이가 좋아하는 음식이거든요. 거기에 싫어하는 재료를 안 보이게 다져서 살짝 넣으면 곧잘 먹더라고요. 그러다보면 나중에는 그냥도 먹게 된답니다.

2 예쁜 그릇에 담아 주세요

아이들은 음식이 진짜로 맛이 없어서 안 먹는 것이 아니라 모양이나 색깔이 싫어서 그럴 수도 있다고 해요. 보기 좋은 떡이 먹기도 좋다고 하잖아요. 음식을 예쁜 그릇에 담아 줘 보세요. 아이가 좋아하는 캐릭터가 있는 그릇도 좋고요. 또 모양틀 같은 걸 이용해서 예쁘게 만들어 주면 신기해서라도 관심을 보여요.

3 엄마,아빠가 먼저 잘 먹는 모습을 보여야 해요

어른들은 이것저것 가리면서 아이한테만 편식한다고 꾸짖으면 아이가 말을 듣겠어요? 부모가 먼저 모범을 보여야 한답니다. 꼬물이를 보니까 엄마가 하나 집어 먹으면서 같이 하나 집어 줬더니 따라 서 먹던걸요. 또 식사 분위기가 즐거우면 기분이 좋아져서 도전 의식이 생기나 봐요. '엄마, 이거 무슨 맛이야?' 하면서 평소 안 먹던 걸 집어들더라고요.

4 아이와 함께 요리해 보세요

주먹밥이나 만두 같은 걸 아이랑 같이 만들어 보세요. 어설프고 불안하기도 하지만 요리가 교육에도 좋다고 하잖아요. 누구나 자기가 만든 것에는 애착을 갖게 마련이어서 '네가 만든 건 네가 먹고, 엄마가 만든 건 엄마가 먹는 거야~' 하면 아이도 재미있어 해요. 자신이 직접 만들어서 먹는다는 기쁨에 평소 싫어하는 음식도 먹게 된답니다.

5 먹지 않으려고 할 때는 주지 마세요

아이에게 싫어하는 음식을 먹이려고 아이의 기분을 맞춰 가며 통사정하는 경우가 있죠? 이런 일이 반복되다 보면 습관이 되어서 어른이 되어서까지 고치지 못하게 될 수 있대요. 아이 스스로 음식을 관찰하고 식욕이 생기도록 여유를 주는 것이 좋다고 하네요. 꼬물댁은 먹지 않으려고 할 땐 억지로 먹이지 않아요. 사정하면 아이 버릇만 나빠질 것 같고, 다그치거나 윽박지르면 반항심에 더 안 먹을 수도 있을 것 같아서요.

6 먹이고 싶은 것부터 내놓으세요

좋아하는 음식과 싫어하는 음식이 같이 있으면 당연히 좋아하는 음식에 젓가락이 가게 마련이죠. 어른들도 그렇잖아요. 좋아하는 음식은 눈에 띄지 않는 곳에 두거나 마지막에 내놓으세요. 일단 먹이고 싶은 것부터 순서대로 먹는 양을 보면서 조금씩 내놓으면 효과가 좀 있더라고요.

잘 안 먹는다고요?

1 식사시간이 아니면 밥을 주지 마세요

아이들은 놀이에 빠져 있으면 밥도 마다하는 경우가 많죠. 그럴 때 대부분의 엄마들은 밥상을 코앞에 갖다 바치거나 꽁무니를 쫓아다니다가 결국 짜증을 내면서 혼내고 말죠. 이건 빵점짜리 지도법이라고 하네요. 평소 밥 먹는 시간과 노는 시간을 확실하게 나누고 정해진 시간, 정해진 장소가 아니면 밥을 주지 마세요. 나중에 아이가 밥을 달라고 아무리 떼를 써도 절대로 주면 안 돼요. 다음 식사 시간까지 기다리게 하고, 그때도 또 산만하게 굴면 역시 상을 치워버리세요. 물론 간식도 주면 안 되죠. 좀 야박하다 싶겠지만 순간의 선택이 평생을 좌우한답니다.

2 아이가 먹고 싶어 하는 양보다 적게 주세요

밥을 잘 안 먹는 아이가 음식을 많이 달라고 하면 '이때다!' 싶어서 듬뿍 주게 되는데, 너무 많이 주는 것도 좋은 방법이 아니에요. 아이들은 다 먹지도 못할 거면서 욕심을 부리는 경우가 많거든요. 눈앞에 음식이 너무 많으면 오히려 식욕이 떨어지기도 하잖아요. 아이가 먹고 싶어 하는 양보다 적게 주고, 아쉬워하면 조금 더 먹게 하는 게 요령이랍니다.

3 보상을 약속하지 마세요

아이가 계속 밥을 안 먹으면 걱정이 되죠. 어떻게든 먹이려고 '이거 먹으면 갖고 싶은 거 사 줄게' 하고 보상을 약속하는 경우가 있어요. 이건 절대 하지 말아야 할 방법이래요. 왜냐하면 식습관이 바로 잡히지도 않을뿐더러 식사가 부모에 대한 과시용이나 흥정거리로 전락해 버릴 수도 있다는군요. 마음이 좀 아프더라도 역시 정면 돌파가 가장 좋은 방법인 것 같아요.

햄버거, 피자만 좋아한다고요?

1 왜 나쁜지 알려 주세요

요즘은 해로운 먹을거리에 대한 책이 많이 나와 있지요. 아이랑 같이 책을 보면서 인스턴트식품이나 가공식품, 패스트푸드를 먹으면 왜 나쁜지 이야기를 나누세요. 과자 뒷면에 나와 있는 성분표시를 보면서 식품첨가물에 대해 조목조목 알려 주는 것도 좋아요. 그러면 아이도 느끼는 바가 있답니다.

2 햄버거는 한 달에 한 번만 먹게 하세요

아이가 착한 일을 하면 상으로 햄버거를 사 준다거나 엄마가 바쁘고 피곤하다고 해서 피자나 치킨으로 때우는 경우가 있지요. 꼬물댁도 바쁠 때 치킨을 시켜 준 적이 있답니다. 그러면 안 되는데…. 패스트푸드는 먹는 날을 정해 두세요. 아이도 햄버거는 늘 먹는 게 아니라는 생각을 갖게 돼요. 꼬물이는 한 달에 한 번만 먹기로 했답니다.

3 엄마, 아빠가 같은 편이 돼야 해요

아무리 엄마가 좋은 것만 먹이려고 애써 봤자 아빠가 피자 사 주고 치킨 사 주고 하면 무슨 소용이 있겠어요. 아빠는 최고가 되고, 엄마만 나쁜 사람 되는 거죠. 남편을 꼭 설득하세요. 예쁘다고 아이가 좋아하는 걸 다 사 주다가는 아이의 식습관과 건강을 망칠 수 있다고요.

꼬물댁의 친환경 요리 노하우 5

아이들이 좋아하는 도시락 아이디어

도시락은 식어도 맛있고 먹기 편하면서 아이가 좋아하는 메뉴로 정해야 해요.
주요리와 곁들이, 디저트까지 영양 균형을 맞춰서 싸 주세요. 엄마의 사랑과 센스가
팍팍 느껴지는 신토불이 도시락을 소개합니다.

인기 도시락 1

꼬마김밥 도시락

고사리 같은 손으로 집어 작은 입에 쏙 넣을 수 있도록 꼬마김밥을 만들어 주세요. 식품첨가물이 들어 있지 않은 유기농 매장의 단무지도 한입 크기로 썰어 넣어요. 돼지고기완자는 고기를 부드럽게 갈아 만든 거라서 어린아이들 반찬으로 좋아요. 게다가 식어도 맛있어서 소풍 도시락으로 알맞지요. 델라웨어 포도는 씨도 없고 크기도 작아 아이들이 먹기에 딱 좋고요. 달콤새콤한 금귤로 상큼하게 마무리하면 완벽하겠죠?

메뉴 구성은…

꼬마김밥(만들기는 106쪽에 있어요. 재료에서 명란젓만 뺐어요)
돼지고기완자(만들기는 94쪽에 있어요)
단무지
과일(금귤, 포도)

인기 도시락 2

유부초밥 도시락

날씨가 조금 덥다 싶으면 김밥보다 유부초밥을 준비하는 게 좋아요. 맛이 변하기 쉬운 시금치 대신 우엉이나 버섯을 넣고 식초를 조금 넉넉하게 넣어 밥을 비비면 살균과 방부 효과가 있답니다. 돼지고기는 쇠고기와 달리 식어도 단단해지지 않고 맛이 어느 정도 유지되어서 도시락 반찬으로 좋아요. 폼 나는 등갈비구이를 넣어 주면 친구들 사이에서 인기 만점일 거예요. 고기의 소화를 돕는 파인애플을 곁들이고, 손으로 집어 먹고 나서 지저분해진 손을 닦을 수 있도록 물티슈를 준비해 주는 엄마의 센스도 발휘해 보세요.

메뉴 구성은…

유부초밥(만들기는 104쪽에 있어요)
돼지등갈비구이(만들기는 30쪽에 있어요)
과일(파인애플, 방울토마토, 포도)

인기 도시락 3

쇠고기주먹밥 도시락

의외로 김밥을 싫어하는 아이들도 많더라고요. 이유를 물어보면 눅눅해지는 김의 촉감이 싫다나요? 그렇다면 앙증맞은 주먹밥을 싸 주면 어떨까요? 한입에 쏙 들어가도록 동글동글하게 빚어 예쁘게 담아 주면 도시락을 싹싹 비워서 돌아올 거예요. 아이들에게 최고 인기 메뉴인 닭튀김과 함께 넣어 주면 입이 귀에 걸린답니다. 알맞게 익은 맵지 않은 오이소박이도 꼭 반찬으로 챙기고, 참외도 먹기 좋게 썰어서 담아 주세요.

메뉴 구성은...

쇠고기주먹밥(만들기는 102쪽에 있어요)
닭날개튀김(만들기는 28쪽에 있어요. 주재료인 닭봉을 닭날개로 바꿨어요)
오이소박이(만들기는 202쪽에 있어요)
과일 (금귤, 참외)

인기 도시락 4

샌드위치 도시락

색다르게 빵 도시락을 준비하는 것도 좋아요. 바게트샌드위치는 햄버거나 다른 샌드위치보다 손으로 들고 먹기 편해서 아이들 도시락으로 딱 좋답니다. 돼지고기 중에서도 가장 부드러운 안심을 튀겨 곁들여 주면 맛도 영양도 만점이겠죠? 느끼하지 않도록 옥수수샐러드를 함께 담아 주는 것도 잊지 마세요. 앙증맞은 방울토마토는 아이들 도시락에 딱 어울리는 디저트랍니다.

메뉴 구성은...

바게트샌드위치(만들기는 130쪽에 있어요.)
돼지고기안심튀김(만들기는 26쪽에 있는 탕수육에서 돼기고기 튀기는 부분까지만 참조하세요. 튀김옷에 파슬리가루만 더 넣었어요)
옥수수샐러드(냉동 옥수수 4숟갈, 다진 피망 조금, 플레인 요구르트 1숟갈, 식초 $\frac{1}{2}$숟갈)
과일(방울토마토, 참외)

part1

모든 아이들이 첫손에 꼽는

대표 메뉴

재료를 사고 다듬어 조리하는 일은 참 많이 성가신 게 사실이에요.
'귀찮아' 하는 말이 절로 나오지요. 그러나 주방에서 신나게 조리하면서
내 손끝에서 뭔가가 만들어지는 즐거움,
그것을 맛있게 먹는 아이를 바라보는 것만큼 행복한 일이 또 있을까요,.
아이를 위해 요리하는 '즐거움'을 느껴 보세요.
우리 아이를 행복하게 하는 대표 인기 메뉴를 소개합니다.
벌써부터 오물거리면서 맛있게 먹을 아이의 모습이 떠오르네요.

탕수육

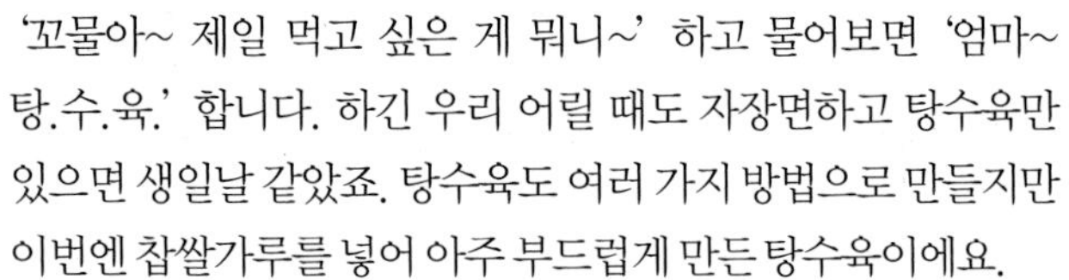

'꼬물아~ 제일 먹고 싶은 게 뭐니~' 하고 물어보면 '엄마~ 탕.수.육.' 합니다. 하긴 우리 어릴 때도 자장면하고 탕수육만 있으면 생일날 같았죠. 탕수육도 여러 가지 방법으로 만들지만 이번엔 찹쌀가루를 넣어 아주 부드럽게 만든 탕수육이에요.

재료 준비

돼지고기(안심) 300g, 브로콜리 2줄기(80g), 연근 2토막, 사과 $\frac{1}{2}$개, 식용유 적당량, 통깨 조금

돼지고기 밑간 소금 $\frac{1}{3}$숟갈, 후춧가루 조금, 청주 1숟갈, 참기름 1숟갈, 다진 마늘 $\frac{1}{3}$숟갈, 다진 생강 $\frac{1}{4}$숟갈

튀김옷 감자가루 2숟갈, 찹쌀가루 1숟갈, 달걀 1개

브로콜리 데치기 브로콜리가 잠길 정도의 물, 왕소금 $\frac{1}{2}$숟갈

연근 데치기 브로콜리 데친 물, 식초 1숟갈

소스 물 $\frac{2}{3}$컵, 소금 $\frac{1}{4}$숟갈, 설탕 4숟갈, 조청 2숟갈, 식초 6숟갈

녹말물 감자가루 1$\frac{1}{2}$숟갈, 물 3숟갈

꼬물댁의 요리 비법!

탕수육 맛내기 탕수육 만들 때는 돼지고기 등심과 안심을 주로 쓰는데, 등심은 모양은 반듯하지만 부드러운 맛이 덜하고, 안심은 모양 잡긴 어렵지만 연하고 부드러워 아이 간식 만들기에 딱 좋아요.

튀김할 땐 기름 온도를 잘 맞춰야 해요. 너무 낮은 온도에서 튀기면 눅눅하게 되고, 너무 높은 온도에서 튀기면 겉만 타기 쉽지요. 소금을 조금 뿌려 보면 적당한 온도인지 알 수 있어요. '쨍~' 하는 소리가 날 때 튀기면 된답니다.

1 돼지고기를 큼직하게 썰어 밑간을 해 10분 정도 두었다가 감자가루, 찹쌀가루, 달걀을 넣고 살살 버무려요.

2 식용유에 바삭하게 두 번 튀겨 내어 기름기를 쏙 빼요.

3 브로콜리를 큼직하게 가닥가닥 떼어 연한 소금물에 살짝 데친 뒤 한입 크기로 썰어요.

4 그 물에 식초를 넣고 얇게 썬 연근을 넣어 2분 정도 익혀요. 사과는 껍질째 깨끗이 씻어 한입 크기로 썰어 놓아요.

5 소스를 바글바글 끓이다가 녹말물을 풀어 넣어 농도를 맞춘 뒤, 브로콜리와 연근, 사과를 넣고 한소끔 끓여요.

6 튀긴 돼지고기를 소스에 넣고 재빨리 버무려 그릇에 담고 통깨를 솔솔 뿌려요.

아이들은 프라이드치킨이라면 사족을 못 쓰는데, 사 먹이는 건 트랜스지방이다 뭐다 해서 마음이 영 찜찜해요. 집에서 엄마가 직접 튀겨 주면 아이들에게 먹일 수 있는 일등 간식이 되지요. 돈도 훨씬 덜 들어 온 가족이 푸짐하게 즐길 수 있어요.

교촌치킨 맛 프라이드치킨

재료 준비

닭봉 14조각(500g 정도), 감자가루 4숟갈, 식용유 적당량

닭고기 헹구기 닭고기가 잠길 정도의 물, 청주 1숟갈

닭고기 밑간 청주 1숟갈, 진간장 1숟갈, 소금 $\frac{1}{4}$숟갈, 설탕 1숟갈, 참기름 1숟갈, 다진 마늘 $\frac{1}{2}$숟갈, 다진 생강 $\frac{1}{3}$숟갈, 후춧가루 조금

닭봉의 두꺼운 껍질을 잘라 내요.

물에 두어 번 헹군 뒤 마지막에 청주 탄 물에 한 번 헹궈 내요.

꼬숄댁의 요리 비법!

닭고기 튀기기 고기 종류를 튀길 땐 한 번 튀겨 식힌 뒤 다시 한 번 튀겨야 겉이 타지 않으면서 속까지 고루 익는답니다. 닭봉뿐 아니라 닭다리나 닭날개를 튀겨도 맛있는데, 특히 닭다리는 두껍기 때문에 칼집을 내서 튀겨야 속까지 고루 익어요.
감자가루에 카레가루 1숟갈을 섞어 튀기면 색다른 맛을 낼 수 있어요. 또 절반만 카레가루 $\frac{1}{2}$숟갈을 넣어서 튀기면 두 가지 맛을 느낄 수 있지요.

닭봉을 밑간 해서 1시간 정도 재어 두어요.

간이 적당히 밴 닭봉에 감자가루를 넣어 잘 버무려요.

식용유에 노릇하게 한 번 튀겨 낸 뒤 한김 나가게 식혀요.

다시 한 번 노릇하게 튀겨서 기름을 쏙 빼야 바삭해져요.

돼지 등갈비구이

돼지등갈비구이는 먹음직스럽게 생겨서 그런지 한 접시 만들어 놓으면 보기가 참 좋아요. 게다가 육질이 부드럽고 손에 들고 먹기 좋아서 아이들이 먹기에 편하답니다. 양념은 불고기 양념도 좋고 밑간만 해서 그대로 구워도 돼요. 다만, 인스턴트 소스만 피하세요.

재료 준비

돼지등갈비 1kg

돼지등갈비 우리기 등갈비가 잠길 정도의 물, 청주 $\frac{1}{4}$컵

양념장 사과 1개, 양파 1개, 다진 마늘 2숟갈, 다진 생강 $\frac{1}{2}$숟갈, 진간장 7숟갈, 조청 4숟갈, 참기름 3숟갈, 후춧가루 · 계피가루 조금씩

등갈비를 뼈 모양을 살려 한 대씩 자르고 너무 두꺼운 살은 칼집을 내요.

청주 탄 물에 30분 정도 담가 핏물을 뺀 뒤 다시 물에 한 번 헹궈 물기를 빼 놓아요.

꼬들댁의 요리 비법!

돼지등갈비구이 맛있게 굽기 돼지등갈비구이는 양면 팬에 굽는 것이 가장 간편하고 맛있어요. 오븐에 구울 경우에는 양념장의 $\frac{1}{3}$로 밑간을 해서 압력솥에 살짝 익힌 뒤 나머지 양념장을 고루 발라 오븐에 넣고 구우면 맛있어요. 이 두 가지 방법으로 구우면 아주 야들야들하고 쫀득한 등갈비구이를 만들 수 있지요.

돼지등갈비는 반드시 국산을 사세요. 수입산은 아무래도 고기가 뻣뻣하답니다.

사과, 양파를 커터로 갈아 나머지 양념과 섞어 양념장을 만들어 놓아요.

양념장에 등갈비를 잘 버무려 2시간 정도 재워 놓아요.

양면 팬에 등갈비를 놓고 약한 불로 양념을 충분히 발라 가며 구워요.

마요네즈를 넣지 않은 옥수수 치즈구이

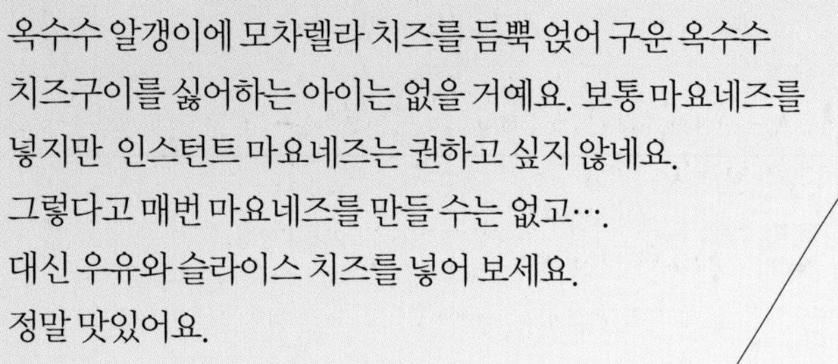

옥수수 알갱이에 모차렐라 치즈를 듬뿍 얹어 구운 옥수수 치즈구이를 싫어하는 아이는 없을 거예요. 보통 마요네즈를 넣지만 인스턴트 마요네즈는 권하고 싶지 않네요. 그렇다고 매번 마요네즈를 만들 수는 없고…. 대신 우유와 슬라이스 치즈를 넣어 보세요. 정말 맛있어요.

재료 준비

냉동 옥수수 1컵, 양파 ¼개, 피망 ⅓개, 우유 4숟갈, 슬라이스 치즈 1장, 모차렐라 치즈 5숟갈

양파 볶기 식용유 1숟갈, 소금 · 후춧가루 조금씩

양파와 피망은 굵게 다지고, 옥수수는 물기를 쏙 빼 놓아요.

팬에 식용유를 두르고 다진 양파, 소금, 후춧가루를 넣고 양파가 투명해질 때까지 볶아요.

꼬물댁의 요리 비법!

옥수수 고르기 꼬물댁이 쓰는 옥수수는 일반 통조림 옥수수가 아니고 유기농 매장에서 파는 냉동 옥수수예요. 옥수수 알을 삶아서 얼린 거죠. 조리할 때는 해동해 물기를 쏙 빼서 넣어야 나중에 질척거리지 않아요. 만약 일반 통조림 옥수수를 쓴다면 가미가 되어 있지 않은 걸 고르세요. 통조림은 뚜껑을 따서 바로 쓰는 것보다 다른 그릇에 잠시 옮겨 담아 놓았다가 쓰는 게 좋아요.

우유와 슬라이스 치즈를 넣어 치즈가 녹을 때까지 살짝 끓이다가 불을 꺼요.

③에 옥수수와 피망, 모차렐라 치즈 1숟갈을 넣어 섞어요.

④를 오븐용 그릇에 담고 남은 모차렐라 치즈를 빼곡하게 뿌려요.

200℃의 오븐에서 15분 정도 치즈가 노릇해질 때까지 구워 내요.

치킨라이스 그라탱

라이스그라탱을 만들 때는 보통 화이트소스를 만들어 쓰지요. 하지만 간편하게 우유와 슬라이스 치즈로 대신해도 맛에는 차이가 별로 없답니다. 닭고기는 가장 담백하고 부드러운 안심을 사용하는 게 맛있어요.

재료 준비

닭고기(안심) 6~7조각(200g 정도), 양송이버섯 4개, 양파 $\frac{1}{8}$개, 우유 1컵, 카레가루 $\frac{1}{2}$숟갈, 슬라이스 치즈 1장, 파슬리가루 $\frac{1}{2}$숟갈, 밥 $1\frac{1}{2}$공기, 식용유 2숟갈, 소금 · 후춧가루 적당량씩, 모차렐라 치즈 $\frac{1}{2}$컵

닭고기 헹구기 닭고기가 잠길 정도의 물, 청주 1숟갈

닭고기 밑간 청주 1숟갈, 소금 · 후춧가루 조금씩

꼬둘댁의 요리 비법!

라이스그라탱 맛내기 집에서 먹다 남은 화이트 와인이 있으면 청주 대신 와인을 넣어 보세요. 카레는 넣지 않아도 되지만 느끼한 맛을 잡기 때문에 권하고 싶네요.

라이스그라탱을 만드는 방법은 한 가지만 있는 건 아니에요. 집에 있는 자투리 채소나 해물을 이용해서 볶음밥을 만들거나 파스타 소스에 걸쭉하게 밥을 비빈 뒤 모차렐라 치즈를 얹어 구워도 돼요. 다양하게 응용해 보세요.

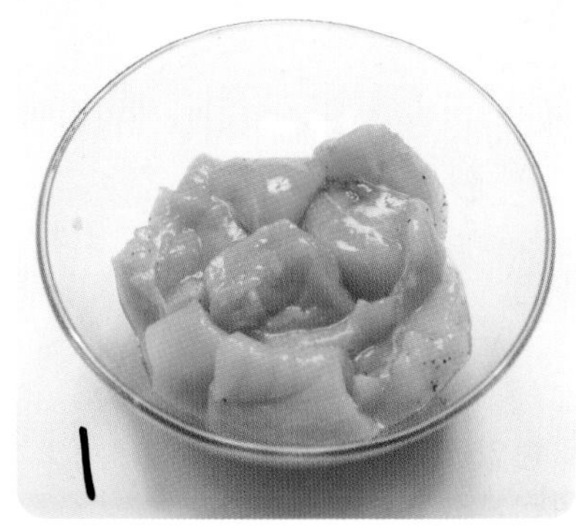

닭고기를 하얀 힘줄을 잘라내고 청주 탄 물에 헹궈서 물기를 쏙 뺀 뒤 한입 크기로 썰어 밑간을 해 놓아요.

양송이버섯은 대충 굵게 썰고, 양파는 굵게 다져요.

식용유를 두른 팬에 양파를 넣고 소금, 후춧가루를 조금씩 뿌려 볶다가 닭고기를 넣고 볶아요.

닭고기가 거의 익으면 버섯을 넣고 마저 볶다가 우유, 카레가루, 슬라이스 치즈를 넣어 한소끔 끓여요.

싱거우면 소금으로 간을 맞추고 불을 끈 뒤 파슬리가루, 밥을 넣고 뭉치지 않게 고루 섞어 그라탱 그릇에 담아요.

모차렐라 치즈를 듬뿍 얹고 파슬리가루를 조금 뿌려 200℃의 오븐에서 5~6분 정도 치즈가 녹을 때까지만 구워 내요.

닭꼬치구이

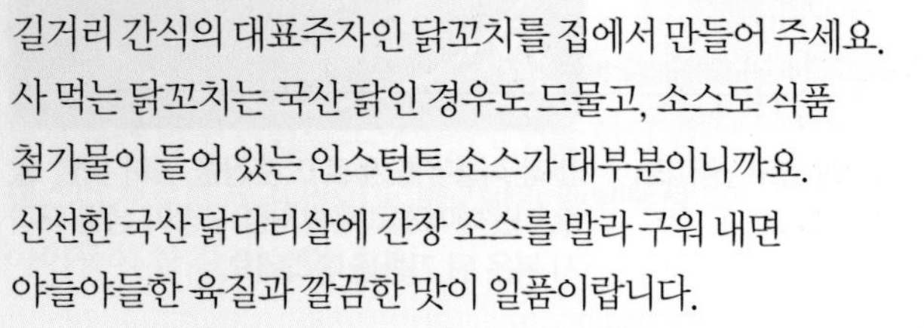

길거리 간식의 대표주자인 닭꼬치를 집에서 만들어 주세요.
사 먹는 닭꼬치는 국산 닭인 경우도 드물고, 소스도 식품
첨가물이 들어 있는 인스턴트 소스가 대부분이니까요.
신선한 국산 닭다리살에 간장 소스를 발라 구워 내면
야들야들한 육질과 깔끔한 맛이 일품이랍니다.

재료 준비

닭고기(넓적다리살) 500g(1팩)

닭고기 밑간 청주 1숟갈, 다진 마늘 $\frac{1}{2}$숟갈, 다진 생강 $\frac{1}{4}$숟갈, 소금 $\frac{1}{3}$숟갈, 참기름 1숟갈, 후춧가루 조금

간장 소스 양파 $\frac{1}{4}$개, 진간장 3숟갈, 조청 4숟갈, 참기름 2숟갈, 물 8숟갈, 통깨 조금

닭고기를 껍질을 벗기고 두꺼운 지방을 잘라 낸 뒤 물에 한 번 씻어 한입 크기로 썰어요. 밑간을 해 놓고요.

양파를 곱게 다져 분량의 양념으로 간장 소스를 만들어요.

꼬물댁의 요리 비법!

조리별 닭고기 고르기 닭꼬치구이는 넓적다리살로 만들어야 맛있어요. 다리살은 구워도 맛있고, 튀김을 해도 맛있지요. 날개는 튀기거나 조려 먹으면 맛있고, 담백한 가슴살은 튀김, 볶음, 찜 등에 다 잘 어울린답니다.

닭고기가 남았으면 밀폐 용기에 담아 냉동 보관 하세요. 요리하기 전 해동할 때 청주를 뿌리면 누린내가 나지 않아요.

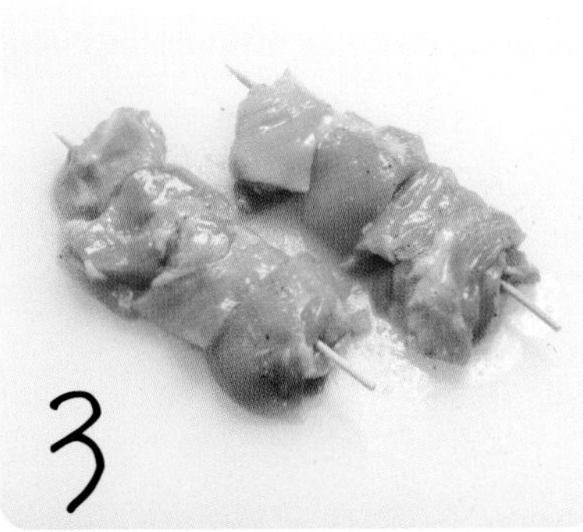

밑간한 닭고기를 꼬치에 꿰어요. 서로 겹치지 않게 꿰어야 고루 익어요.

팬에 닭꼬치를 놓고 간장 소스를 바르면서 먹음직스럽게 구워요. 식용유는 두르지 않아도 돼요.

꼬물댁의 하나 더!

된장 소스

재료(닭고기 500g분) 된장 1숟갈, 진간장 1숟갈, 조청 4숟갈, 양파 $\frac{1}{4}$개, 참기름 2숟갈, 물 8숟갈, 통깨 조금

만들기

1 양파를 잘게 다져요.

2 분량의 재료를 한데 담아 고루 섞어요.

TIP 닭꼬치에 간장 소스 대신 색다르게 된장 소스를 발라 구워 보세요. 의외로 달콤한 맛이 참 좋답니다.

미니핫도그

작고 앙증맞은 미니핫도그를 만들어 식탁에 놓으면 아이들이 왔다 갔다 하면서 한 개씩 잘도 집어먹는답니다. 꼬치는 끝이 뾰족해서 다칠 수 있으니까 아이들에게 만들어 줄 때는 뾰족한 부분을 잘라서 쓰는 게 좋겠죠?

재료 준비

소시지(3cm 길이) 6개, 밀가루 적당량, 식용유 적당량

튀김옷 밀가루 2숟갈, 달걀 1개, 설탕 $\frac{1}{3}$숟갈, 물 2숟갈, 소금 조금

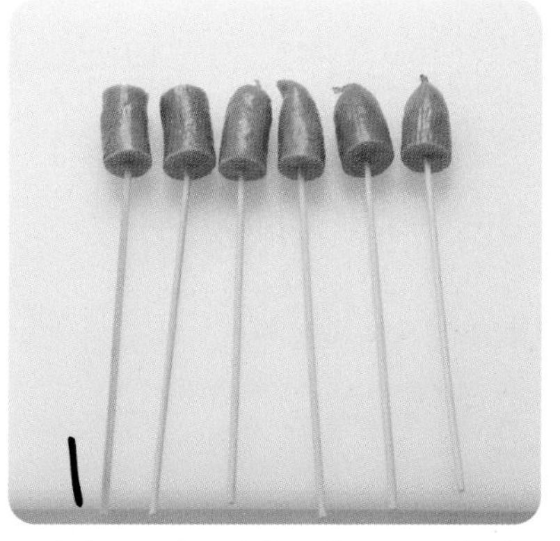

소시지를 꼬치에 꿰어 놓아요. 긴 것은 적당히 썰어서 꿰어요.

분량의 재료를 고루 섞어 튀김옷을 만들어요. 멍울이 생기지 않게 잘 섞어야 해요.

꼬물댁의 요리 비법!

미니핫도그 예쁘게 튀기기 미니핫도그를 예쁘게 튀기는 포인트는 튀김옷을 멍울 없이 고루 섞는 것과 꼬치를 재빠르게 돌리면서 튀기는 것이죠. 밀가루 대신 시판하는 핫케이크 가루를 이용하면 손쉽고 모양 있게 튀길 수는 있지만, 건강을 생각한다면 모양은 좀 안 나더라도 우리밀가루로 만드세요.

꼬물댁이 쓴 소시지는 발색제나 방부제 같은 식품첨가물이 들어 있지 않은, 유기농 매장에서 산 제품이에요. 일반 소시지는 끓는 물에 살짝 데쳐서 사용하면 좋아요.

꼬치에 꿴 소시지에 밀가루를 고루 묻혀 살짝 털어요.

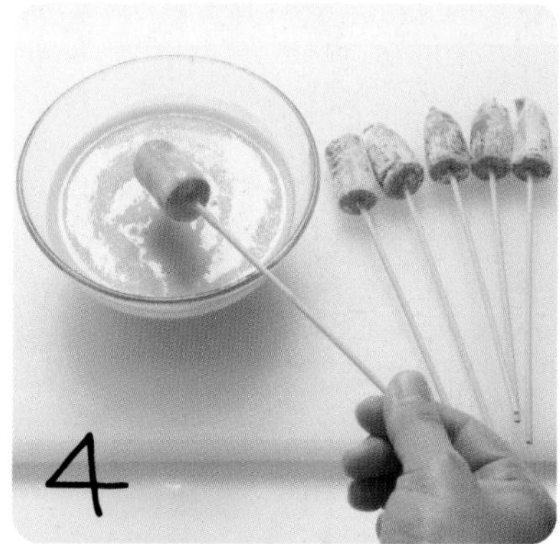

소시지에 튀김옷을 고루 묻히는데, 튀김옷이 뚝뚝 떨어지지 않을 정도로 들고 있다가 튀겨야 멍울이 지지 않아요.

기름에 노릇하게 튀겨 내요. 이때 꼬치를 빠르게 돌리면서 튀겨야 모양이 둥글게 돼요.

조금 식혔다가 다시 튀김옷을 묻혀 같은 방법으로 튀겨요. 4번 정도 반복해요.

감자채 피자

피자를 직접 만들어 먹이고 싶을 때가 있어요. 하지만 도우를 만드는 게 문제지요. 식빵이나 바게트로 대신한다고 해도, 그 다음엔 또 파스타 소스가 필요하고….
너무 성가시지요. 감자채를 이용해서 간단하게 만들어 보세요.
고소한 감자채피자, 아이들이 좋아해요.

재료 준비

감자(큰 것) 1개, 가는 소시지 1개, 양송이버섯 1개, 피망 $\frac{1}{4}$개, 슬라이스 치즈 1장, 모차렐라 치즈 2숟갈, 소금 조금, 식용유 적당량

감자를 껍질을 벗겨 곱게 채 썬 뒤 소금을 조금 뿌려 5분 정도 두어요.

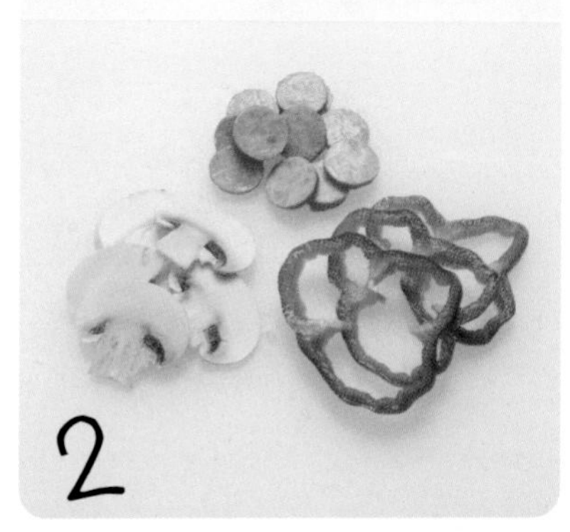

소시지와 양송이버섯, 피망은 모양을 살려 얇게 썰어 놓아요.

꼬물댁의 요리 비법!

부침개 쉽게 뒤집기 부침개를 하면서 뒤집개로 뒤집다가 부스러지는 경우가 있죠. 팬보다 조금 크고 납작한 접시를 이용해 보세요. 한결 쉽게 뒤집을 수 있어요. 뚜껑을 덮듯이 접시로 팬을 덮은 뒤 기름이 흐르지 않게 두 손에 힘을 줘서 밀착시켜 재빠르게 위아래를 뒤집으면 되지요.

특히 해물파전처럼 들어간 재료가 많아 두껍고 커다란 부침개는 이 방법으로 뒤집으면 모양을 제대로 살려 먹음직스럽게 부칠 수 있지요.

팬에 식용유를 두르고 감자채를 넣어 모양을 약간 도톰하고 둥글게 만들어 약한 불에서 꼭꼭 누르면서 구워요.

불을 끄고 접시를 팬 위에 엎어 재빨리 뒤집어요.

감자채부침을 다시 팬에 담아 조금 더 구워요.

오븐용 그릇에 감자채부침을 담고 소시지, 양송이버섯, 피망, 슬라이스 치즈, 모차렐라 치즈를 고루 얹어 200℃의 오븐에서 치즈가 노릇해질 때까지 구워요.

미트소스 스파게티

스파게티 소스의 맛을 가장 손쉽게 내는 방법은 시판하는 파스타 소스에 여러 가지 재료를 더하는 것이죠. 하지만 아이에게 시판하는 소스를 먹이려니 마음에 걸리죠? 엄마가 직접 만들어 주세요. 힘들지 않느냐고요? 천만에요. 의외로 쉽답니다.

재료 준비

스파게티 면 2인분, 완숙 토마토(큰 것) 4개, 다진 쇠고기(불고기용) 300g, 양파 1개, 양송이버섯 4개, 슬라이스 치즈 4장, 파슬리가루 1숟갈

쇠고기 밑간 청주 1숟갈, 소금 ¼숟갈, 후춧가루 조금

양파 볶기 식용유(또는 올리브유) 2숟갈, 소금 · 후춧가루 조금씩

양념 다진 마늘 2숟갈, 진간장 1숟갈, 소금 ⅓숟갈, 설탕 2½숟갈, 후춧가루 조금

녹말물 감자가루 ½숟갈, 물 1숟갈

꼬물댁의 요리 비법!

스파게티 면 삶기 스파게티 면은 팔팔 끓는 물에 넣고 8분 정도 삶으면 딱 알맞아요. 국수 가운데에 아주 가는 실 같은 흰 부분이 남아 있을 정도로 삶으면 되지요.

삶은 스파게티 면은 찬물에 헹굴 필요 없이 그대로 쓰세요. 팬에 담아 올리브유 1숟갈을 넣고 살짝 볶은 뒤에 소스를 얹어 내면 훨씬 맛있답니다.

토마토를 열십자로 칼집 내서 끓는 물에 살짝 데친 뒤 찬물에 헹궈 껍질을 벗겨 내요.

밑이 두꺼운 냄비에 토마토를 넣고 대충 으깬 뒤 뚜껑을 덮어 15분 정도 섬유질이 부드러워질 때까지 끓여요.

쇠고기를 밑간 해요. 양파는 다지고, 양송이버섯은 모양을 살려 썰어요.

팬에 다진 양파를 살짝 볶다가 밑간 한 쇠고기와 다진 마늘을 넣고 살짝 볶아요.

④를 토마토 냄비에 넣고 나머지 양념을 넣어 약한 불에서 30분 정도 뭉근히 조려요.

양송이버섯, 슬라이스 치즈, 파슬리가루를 넣고 끓이다 녹말물로 농도를 맞춰요. 삶아 놓은 스파게티 면을 그릇에 담고 소스를 끼얹어요.

part2

MY FIRST

아이 입맛 사로잡는

무공해 튼튼 반찬

단것, 과자, 패스트푸드는 잘 먹으면서 밥을 먹으라고 하면
고개를 절레절레 흔드는 아이들의 입맛을 어떻게 하면 좋을까요.
이런 맛에 길들여진 아이 입맛을
확실하게 사로잡는 몸에 좋은 반찬이에요.
무공해 튼튼 반찬으로 푸짐하게 밥상을 차려 보세요.
오늘부터 아이의 젓가락질이 달라져요.

멸치땅콩볶음

아이들 영양 반찬으로 칼슘의 왕 멸치 볶음을 빼놓을 수 없죠. 여기에 땅콩이나 호두 등의 견과류를 더하면 금상첨화겠죠?

재료 준비

잔멸치 1컵, 볶은 땅콩 1컵, 식용유 2숟갈, 진간장 $\frac{1}{2}$숟갈, 설탕 $\frac{1}{3}$숟갈, 꿀 1숟갈, 참기름 1숟갈, 통깨 조금

땅콩을 껍질을 벗겨 준비하고요.

마른 팬에 잔멸치를 넣고 고슬고슬하게 살짝 볶다가 식용유를 넣고 약한 불로 바삭하게 볶아요.

껍질 벗긴 땅콩을 넣고 잠깐 볶다가 진간장, 설탕을 넣고 조금 더 볶아요.

불을 끄고 꿀, 참기름, 통깨를 넣어 두어 번 뒤적거리면 되지요.

꼬물댁의 요리 비법!

잔멸치 단맛 내기 꿀 대신 조청을 쓸 때 조청만 넣어 단맛을 내면 멸치가 서로 달라붙어 먹기가 곤란해져요. 설탕과 조청을 2:1 정도로 섞어 넣으면 좋아요. 볶을 땐 불의 세기에 주의하세요. 불이 조금이라도 세면 금방 타버리거든요.

뱅어포볶음

뱅어포는 '괴도라치' 라는 생선의 새끼를 말린 것인데, 딱딱한 마른 멸치보다 소화가 더 잘 된다고 해요. 아이들에게 만점짜리 칼슘 반찬이죠.

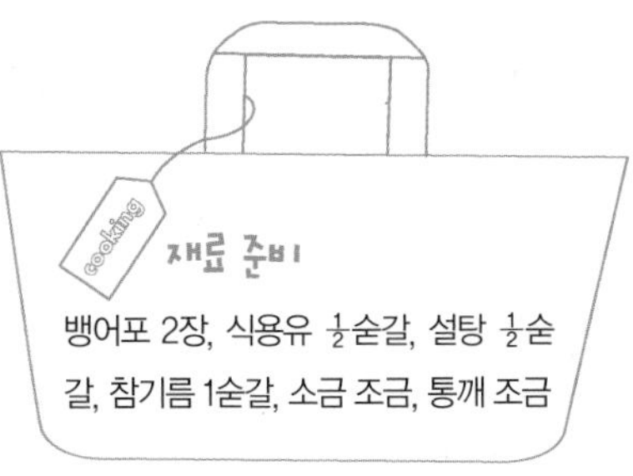

재료 준비

뱅어포 2장, 식용유 ½숟갈, 설탕 ½숟갈, 참기름 1숟갈, 소금 조금, 통깨 조금

1 뱅어포를 가위로 좁고 길게 잘라 놓아요.

2 넓은 팬에 식용유를 두른 뒤 뱅어포를 넣고 설탕, 소금을 뿌려 중간 불에서 살짝 바삭하게 볶아요.

3 참기름, 통깨를 넣어 두어 번 뒤적거리면 되지요.

꼬굴댁의 요리 비법!

뱅어포 보관하기 뱅어포는 눅눅해지기 쉬우니까 한 번 먹을 양만 볶고, 남은 건 냉장실이나 냉동실에 보관하세요. 실온에 잘못 두면 습기 때문에 곰팡이가 피기 쉬워요. 먹다 남은 뱅어포볶음은 잘게 잘라 주먹밥을 만들 때 넣으면 좋답니다.

꼴뚜기조림

'진미채' 라고 하는 오징어채에는 몸에 좋지 않은 첨가물이 들어 있어서 아이들 반찬으로 내놓기가 꺼림칙해요. 맛이 비슷한 마른 꼴뚜기를 이용해 보세요. 꼬물이가 '작은 오징어다~' 하면서 잘 먹더라고요.

재료 준비

마른 꼴뚜기 1컵, 참기름 1숟갈, 통깨 조금

꼴뚜기 불리기 물 $1\frac{1}{2}$컵, 청주 1숟갈

양념장 진간장 1숟갈, 설탕 $\frac{1}{2}$숟갈, 조청 $\frac{1}{2}$숟갈, 다진 마늘 $\frac{1}{2}$숟갈, 물 $\frac{1}{4}$컵

1 꼴뚜기를 청주 탄 물에 5분 정도 불린 뒤 체에 밭쳐 물기를 빼요.

2 팬에 미리 만들어놓은 양념장을 넣고 바글바글 끓여요.

3 양념장이 끓기 시작하면 불린 꼴뚜기를 넣고 조려요.

4 국물이 거의 졸아들면 참기름, 통깨를 넣어 마무리해요.

꼬물댁의 요리 비법!

마른 꼴뚜기 비린 맛 없애기 마른 꼴뚜기를 그냥 조리면 특유의 비린 맛이 나서 부담스럽더라고요. 이럴 땐 청주 탄 물에 미리 불려서 조리하면 좋아요. 그러면 비린 맛도 없어질 뿐 아니라 딱딱하지 않고 야들야들한 꼴뚜기조림을 만들 수 있답니다.

오징어조림

오징어는 봄에서 여름으로 넘어갈 때 살이 가장 연하답니다. 이때 반찬으로 준비하면 야들야들~ 질기지 않아 아이가 먹기에 딱 좋아요.

재료 준비

오징어 1마리, 참기름 $\frac{1}{2}$숟갈, 통깨 조금

오징어 데치기 오징어가 잠길 정도의 물, 청주 1숟갈

양념장 진간장 2숟갈, 설탕 $\frac{1}{2}$숟갈, 다진 마늘 $\frac{1}{3}$숟갈, 물 $\frac{1}{4}$컵

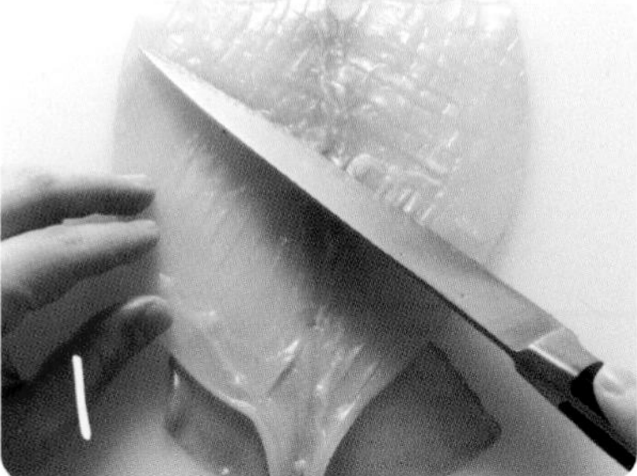

1 오징어를 손질해서 깨끗이 씻은 뒤 안쪽에 사선으로 칼집을 내요.

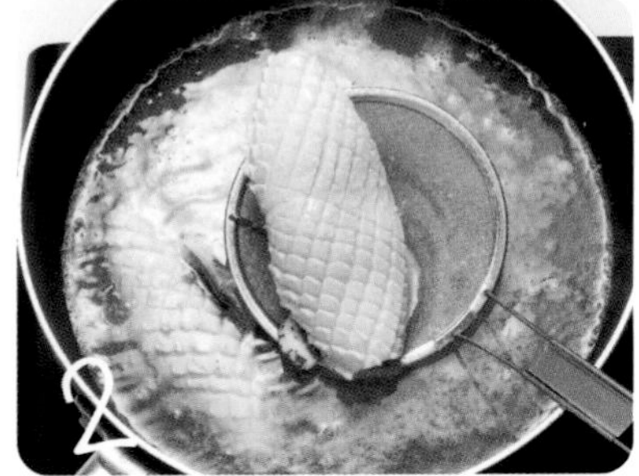

2 물을 팔팔 끓이다가 오징어와 청주를 넣고, 오징어 색이 불투명하게 변하는 순간에 건져 내요.

꼬물댁의 요리 비법!

오징어 조리기 오징어는 데쳐서 조리하면 물기가 없는 대신 부드러운 맛이 덜하고, 데치지 않고 살짝 익히면 물기는 생기지만 야들야들해요. 이 오징어조림은 물기 없이 만드는 밑반찬이라 살짝 데쳐서 조렸답니다.

3 양념장을 1분 정도 바글바글 끓이다가 한입 크기로 썰어놓은 오징어를 넣고 조려요.

4 양념장이 거의 다 졸 때까지 뒤적거리며 조리다 참기름, 통깨를 넣어 마무리해요.

두부감자조림

두부가 아이들에게 좋다는 건 두말하면 잔소리~. 몸에 좋은 식물성 단백질이 듬뿍 들어 있는 두부와 감자를 같이 조리면 더 부드럽고 맛있답니다.

재료 준비

두부 $\frac{1}{2}$모, 감자 1개, 쪽파 1뿌리, 참기름 $\frac{1}{2}$숟갈, 통깨 조금

두부 부치기 식용유 2숟갈, 소금 조금

양념장 진간장 2숟갈, 설탕 $\frac{1}{2}$숟갈, 다진 마늘 $\frac{1}{2}$숟갈, 물 $\frac{1}{2}$컵

두부와 감자를 먹기 좋은 크기로 깍둑썰기해요.

식용유를 두른 팬에 두부를 넣고 소금을 조금 뿌려 노릇하게 부쳐요.

팬에 감자와 두부, 미리 만들어 놓은 양념장을 넣고 조려요.

양념장이 3~4숟갈 정도 남으면 송송 썬 쪽파, 참기름, 통깨를 넣고 국물이 거의 없어질 때까지 조려요.

꼬숩댁의 요리 비법!

감자 조리기 감자채볶음을 할 때는 감자채를 물에 잠시 담가 두었다가 볶아야 서로 달라붙지 않아요. 그렇지만 간장조림을 할 때는 감자를 물에 담그지 않아도 괜찮아요. 두부를 넣지 않고 감자만 조려도 맛있는 감자조림이 된답니다.

콩조림

밥상 위에 항상 올라와야 하는 것
가운데 하나가 바로 콩이라지요.
마른 콩뿐 아니라 계절에 따라 나오는
생콩을 조려 보세요.
밤콩, 완두콩, 강낭콩 다 좋아요.

재료 준비

강낭콩 ½컵, 진간장 2숟갈, 조청 ½숟갈, 통깨 조금

콩 삶기 소금 조금, 설탕 ½숟갈, 청주 ½숟갈, 물 1½컵

강낭콩을 물에 살짝 씻은 뒤 깨끗한 물에 담가 30분 정도 불려요.

분량의 물에 소금, 설탕, 청주를 넣고 불린 콩을 삶아요.

꼬꼬댁의 요리 비법!

콩조림 부드럽게 만들기 콩조림을 할 때 설탕을 먼저 넣고 삶다가 나중에 간장을 넣으세요. 그래야 딱딱하지 않고 부드럽게 돼요. 너무 바짝 조리는 것보다 양념물을 조금 남겨 촉촉하게 만드는 게 더 맛있답니다.

10분 정도 지나 물이 절반 정도로 줄어들면 진간장과 조청을 넣어요.

양념물이 2~3숟갈 남을 때까지 졸이다가 통깨를 솔솔 뿌려요.

깻잎찜

아이들이 의외로 깻잎장아찌를 잘 먹더라고요. 장아찌는 시간이 좀 걸리니까 금방 만들 수 있는 깻잎찜을 준비해 보세요. 멸치가루로 감칠맛도 내고요.

재료 준비

깻잎 30장

양념장 진간장 2숟갈, 국간장 1숟갈, 설탕 1숟갈, 다진 마늘 $\frac{1}{2}$숟갈, 멸치가루 1숟갈, 참기름 1숟갈, 통깨 1숟갈

1 깻잎을 여러 번 깨끗이 씻어 물기를 쏙 뺀 뒤 꼭지를 다 따지 말고 조금 남겨 놓아요.

2 양념장을 잘 섞어 놓고요.

꼬물댁의 요리 비법!

깻잎 깨끗이 씻기 깻잎에는 농약 잔류량이 많다고 하죠? 씻고 나서 마지막에 물에 한참 담가 놓으면 이를 어느 정도 없앨 수 있다고 해요. 멸치가루는 바로 칼로 다져서 써도 돼고요. 볶음용 멸치는 통째로, 국물용 멸치는 대가리와 내장을 빼고 다지세요.

3 내열 그릇에 깻잎 1~2장에 양념장을 한 번씩 발라 가며 켜켜로 차곡차곡 담아요.

4 찜기에 담아 3~4분 정도 살짝 숨이 죽을 때까지 쪄요.

우엉 표고버섯조림

뿌리채소는 비타민, 무기질, 철분 등 영양도 풍부할 뿐 아니라 섬유질이 많아서 몸속의 유해 성분을 몸 밖으로 배출한다고 해요. 요즘 같은 환경에서 자라는 아이들에게 꼭 필요한 채소겠죠?

재료 준비

우엉 $\frac{1}{2}$뿌리(100g), 표고버섯 2개, 참기름 1숟갈, 통깨 조금

연한 식초물 우엉이 잠길 정도의 물, 식초 1숟갈

양념장 다진 마늘 $\frac{1}{3}$숟갈, 진간장 2숟갈, 설탕 $\frac{1}{2}$숟갈, 조청 1숟갈, 물 1컵

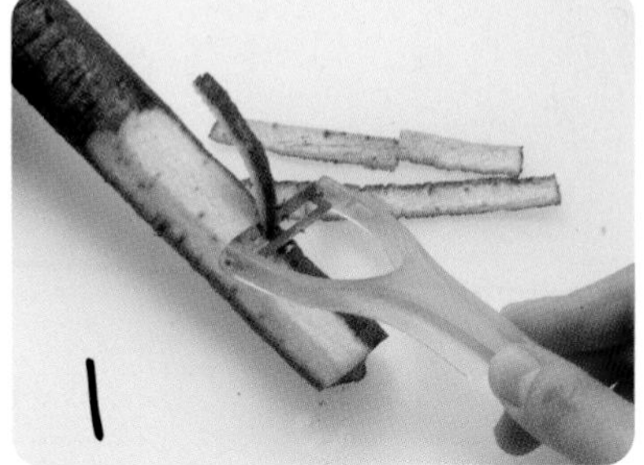

우엉을 껍질을 벗긴 뒤 가늘게 채 썰어 연한 식초물에 담가 두어요.

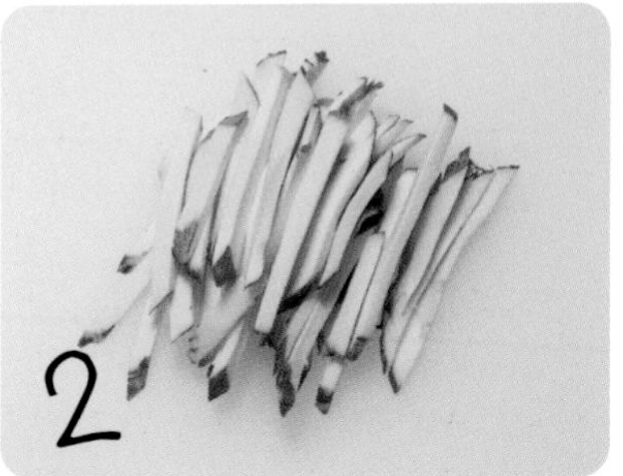

표고버섯은 밑동을 떼고 채 썰어 놓고요.

팬에 양념장을 넣고 끓기 시작하면 우엉을 넣고 조려요.

국물이 $\frac{1}{3}$ 정도 남았을 때 표고버섯을 넣고 조린 뒤 참기름, 통깨를 넣어 마무리해요.

꼬물댁의 요리 비법!

표고버섯 밑동 활용하기 표고버섯은 대개 밑동을 떼고 조리하지요. 이때 떼어 낸 밑동을 버리지 말고 모아서 냉동실에 넣어 두세요. 국이나 찌개, 칼국수 등의 국물을 낼 때 넣으면 감칠맛을 낸답니다.

채소치즈 달걀말이

아이들이 좋아하는 달걀말이,
이왕이면 몸에 좋은 여러 채소와
치즈도 넣어 주자고요. 냉장고에 있는
자투리 채소를 쓰면 돼요.

재료 준비

달걀 4개, 양송이버섯 2개, 브로콜리 4줄기(100g), 슬라이스 치즈 2장, 소금 조금, 식용유 적당량

브로콜리 데치기 브로콜리가 잠길 정도의 물, 왕소금 ½술갈

브로콜리를 물에 살짝 헹궈 줄기에 칼집을 내서 큼직하게 찢은 뒤, 연한 소금물에 살짝 데쳐 물기를 쏙 빼고 곱게 다져요.

양송이버섯도 먼지 터는 기분으로 물에 살짝 씻어 물기를 쏙 뺀 뒤 곱게 다져요.

달걀을 잘 풀어 다진 브로콜리와 양송이를 넣고 소금으로 간한 다음 고루 섞어요.

팬에 식용유를 두른 뒤 달걀물을 붓고 가운데에 치즈를 얹어 약한 불로 익히면서 돌돌 말아요.

꼬물댁의 요리 비법!

달걀말이 예쁘게 썰기 달걀말이는 부치고 나서 한 김 나간 뒤에 썰어야 모양이 흐트러지지 않아요. 칼날을 어슷하게 넣어 썰면 푸짐해 보이고 모양도 예쁘답니다. 큰 팬을 이용하면 얇고 넓게 부칠 수 있어서 돌돌 말기가 편해요.

애호박볶음

비타민과 칼슘이 듬뿍 들어 있는 애호박. 특히 달큼한 여름 애호박을 숭덩숭덩 썰어 푹 지져서 따끈한 밥이랑 비벼 주면 꼬물이가 참 잘 먹는답니다.

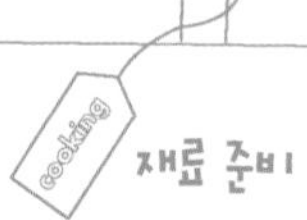

재료 준비

애호박 1개, 식용유 1숟갈, 새우젓 $\frac{1}{2}$숟갈, 다진 마늘 $\frac{1}{3}$숟갈, 들기름 $\frac{1}{2}$숟갈, 통깨 조금

애호박을 깍둑썰기 해요.

식용유를 두른 팬에 애호박을 넣고 새우젓, 다진 마늘로 간한 뒤 잠깐 볶아요.

뚜껑을 덮고 약한 불에 8분 정도 푹 익혀요.

부드럽게 익으면 들기름, 통깨를 뿌려 살짝 볶은 뒤 불을 끄지요.

꼬물댁의 요리 비법!

애호박볶음 맛내기 애호박은 새우젓으로 간해 들기름으로 볶아야 맛있어요. 새우젓의 양은 호박 크기에 따라 조절하시고요. 애호박을 반달썰기 해서 소금에 절여 살짝 짜낸 뒤 볶으면 물기가 생기지 않고 아삭한 애호박볶음이 된답니다.

시래기볶음

"봄날의 기는 쑥에 들어 있고,
가을의 기는 무청에 들어 있다."라는
말이 있어요. 무청의 영양이
그만큼 풍부하다는 뜻이겠지요.
아이에게 꼭 먹이고 싶은 채소예요.

재료 준비

삶은 시래기 2컵, 양파 $\frac{1}{4}$개, 대파 조금
양념 된장 $1\frac{1}{2}$숟갈, 설탕 $\frac{1}{3}$숟갈, 다진 마늘 $\frac{1}{2}$숟갈, 다진 멸치(또는 멸치가루) 1숟갈, 까나리액젓 $\frac{1}{2}$숟갈, 들기름 2숟갈, 물 $\frac{1}{2}$컵, 통깨 조금
* 어른 반찬으로는 고추장 조금과 청양고추를 넣으면 맛있어요.

삶은 시래기를 물에 여러 번 헹궈 살짝 짠 뒤 먹기 좋게 몇 번 썰어요.

양파는 채 썰고, 대파는 어슷하게 썰어요.

냄비에 시래기를 넣고 분량의 양념으로 조물조물 무쳐요.

뚜껑을 덮고 약한 불로 부드러워질 때까지 20분쯤 푹 조리면 돼요.

꼬꿀댁의 요리 비법!

시래기 고르기 시래기는 말린 것을 사다가 삶아 써도 되고, 삶아서 파는 것을 사도 돼요. 너무 굵고 억센 것보다 야들야들한 것을 사는 게 좋고요, 삶은 시래기가 좀 억세다 싶으면 물에 담가 불려서 쓰세요.

콩나물무침

많이 먹으면 키가 쑥쑥 큰다는 콩나물.
맛있는 콩나물무침을 위해,
우리 아이의 건강을 위해 국산콩으로
기른 것을 쓰세요. 성장촉진제를 주지
않았는지도 확인하시고요.

재료 준비

콩나물 5줌(300g)

콩나물 삶기 콩나물이 반쯤 잠길 정도의 물, 왕소금 1숟갈

양념 쪽파 1뿌리, 다진 마늘 $\frac{1}{2}$숟갈, 국간장 $1\frac{1}{2}$숟갈, 설탕 $\frac{1}{4}$숟갈, 참기름 1숟갈, 통깨 조금, 소금 조금

* 어른 반찬으로는 고춧가루를 조금 넣어도 맛있어요.

꼬꼬댁의 요리 비법!

콩나물 삶기 뚜껑을 꼭 덮고 삶아야 콩 비린내가 나지 않아요. 끓을 때 냄새를 맡아보아 콩 비린내 대신 콩나물 특유의 구수한 냄새가 나면 다 삶아진 거예요. 콩나물은 너무 크고 길쭉한 것보다 작고 통통한 것이 맛있어요.

콩나물을 서너 번 씻으면서 지저분한 껍질을 골라내요.

냄비에 콩나물과 분량의 물, 왕소금을 넣어 뚜껑을 덮고 삶아요.

젓가락으로 콩나물을 건져 볼에 담고, 쪽파를 송송 썰어 넣어요.

준비한 양념을 넣고 조물조물 무쳐요.

숙주나물무침

숙주나물은 몸속에 쌓여 있는 카드뮴을 해독하는 데 탁월한 효과가 있다고 하네요. 오염물질에 둘러싸인 우리 아이들 밥상에 자주 올려놓자고요.

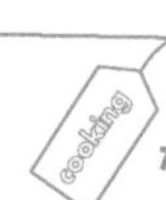

재료 준비

숙주나물 3줌(200g)

숙주나물 데치기 숙주나물이 잠길 정도의 물, 왕소금 1숟갈

양념 쪽파 1뿌리, 소금 $\frac{1}{4}$숟갈, 들기름 1숟갈, 통깨 조금

숙주나물을 물에 여러 번 씻어 지저분한 껍질을 버려요.

물에 왕소금을 넣고 팔팔 끓으면 숙주나물을 넣고 3~4분 정도 삶아요.

꼬물댁의 요리 비법!

나물 담기 나물 반찬을 그릇에 담을 땐 한꺼번에 집어 담지 말고 조금씩 나눠서 담아야 나중에 젓가락으로 집어 먹기가 편해요. 나물은 참기름보다 들기름으로 무쳐야 더 고소하고 맛있답니다.

체에 밭쳐 한 김 나가게 식힌 뒤 물기를 살짝 짜요.

숙주나물을 가닥가닥 풀어 헤친 뒤 쪽파를 송송 썰어 다른 양념과 함께 넣고 무쳐요.

시금치무침

녹색채소의 대명사 시금치는 여러 가지 비타민과 무기질, 특히 철분과 칼슘이 풍부하게 들어 있죠. 단, 날것으로 먹으면 결석이 생길 수도 있다고 하니 꼭 익혀서 무치세요.

재료 준비

시금치 4줌

시금치 데치기 시금치가 잠길 정도의 물, 왕소금 1숟갈

양념 다진 마늘 $\frac{1}{3}$숟갈, 소금 $\frac{1}{4}$숟갈, 들기름 1숟갈, 들깨가루 1숟갈

1 시금치의 꼭지를 살짝 도려내고 한 잎씩 가닥가닥 떼어 물에 깨끗이 씻어요.

2 소금물이 팔팔 끓으면 시금치를 넣자마자 불을 끄고 시금치를 물에 푹 잠기게 해요.

꼬물댁의 요리 비법!

나물 간하기 나물 간은 처음에 조금 세게 해야 서서히 배어들어 나중에 알맞게 돼요. 들깨가루를 듬뿍 넣으면 더 고소하지만, 없으면 참기름이나 들기름만 넣어도 돼요. 시금치는 붉은 뿌리 부분에 영양이 많으니까 싹둑 잘라 내지 말고 두꺼운 부분만 살짝 도려내야 해요.

3 재빨리 건져 내어 찬물에 헹구거나 넓게 펼쳐 식힌 뒤 물기를 지그시 짜요.

4 너무 길다 싶으면 한두 번 썬 뒤 가닥가닥 풀어 헤쳐 준비한 양념으로 조물조물 무쳐요.

새송이버섯볶음

버섯은 영양 면에서도 훌륭하지만
쫄깃한 육질에 감칠맛까지 끝내 주지요.
그래서 거의 매일 밥상에 올라오는
꼬물댁의 단골 식재료랍니다.

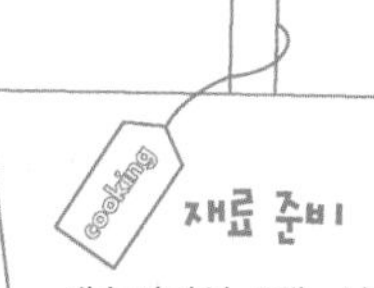

재료 준비

새송이버섯 2개, 식용유 1숟갈, 소금 $\frac{1}{4}$숟갈, 진간장 $\frac{1}{2}$숟갈, 참기름 $\frac{1}{2}$숟갈, 통깨 · 후춧가루 조금씩

1 새송이버섯을 먼지 터는 기분으로 물에 살짝 씻은 뒤 길게 4등분해서 작게 썰어요.

2 팬에 식용유, 버섯, 소금을 넣고 볶아요.

3 버섯에서 물이 나오기 시작하면 진간장을 넣고 볶아요.

4 버섯의 숨이 죽으면 참기름, 후춧가루, 통깨를 넣고 조금 더 볶아요.

꼬물댁의 요리 비법!

마른 표고버섯 볶기 새송이버섯 대신 마른 표고버섯을 볶아도 맛있어요. 마른 표고버섯을 물에 불린 뒤 밑동을 떼어 내고 적당히 썰어 물을 조금 넉넉히 붓고 같은 방법으로 볶아 보세요. 버섯의 향이 더욱 진하게 느껴집니다.

마른새우 무조림

마른 새우는 단백질과 칼슘이 풍부해서 성장기 아이들에게 참 좋아요. 마른 새우 중 살이 가장 도톰한 두절새우를 달큼한 무와 함께 볶아 봤어요.

재료 준비

두절새우(중간 크기) $\frac{1}{2}$컵, 무 1토막, 쪽파 2뿌리, 조청 $\frac{1}{2}$숟갈, 참기름 $\frac{1}{2}$숟갈, 통깨 조금

양념장 진간장 $1\frac{1}{2}$숟갈, 다진 마늘 $\frac{1}{3}$숟갈, 물 $\frac{1}{2}$컵

무는 껍질을 벗겨 작고 도톰하게 썰고, 쪽파는 송송 썰어요.

팬에 무와 양념장을 넣고 바글바글 끓여요.

무가 거의 익고 물이 $\frac{1}{3}$ 정도로 줄어들면 마른 새우와 조청을 넣어 조려요.

물이 거의 졸아들면 쪽파, 참기름, 통깨를 넣고 조금 더 볶아요.

꼬울댁의 요리 비법!

마른 새우 활용하기 마른 새우는 새우만 볶아도 좋고, 무 대신 마늘종이나 우엉을 같이 볶아도 맛있어요. 마른 새우를 갈아서 천연 조미료로 써도 좋고, 국물 낼 때 멸치와 함께 우려내면 더 감칠맛이 난답니다.

황태불고기

명태를 겨울바람에 얼렸다 녹였다를 반복하면 수분이 빠져 나가면서 맛과 영양이 더 풍부해지는데, 이것을 바로 황태라고 합니다. 노릇노릇, 도톰한 황태 살에 조청을 넣어 지져 주면 아이들이 참 잘 먹지요.

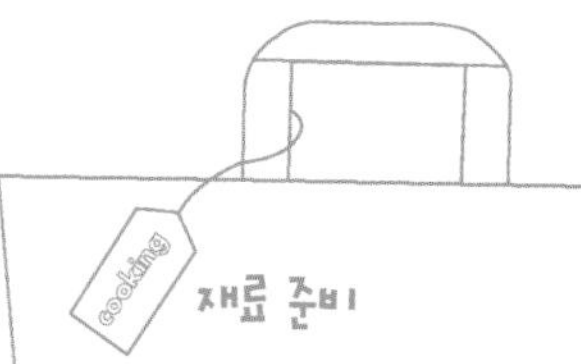

재료 준비

황태 1마리, 식용유 2숟갈

양념장 양파 $\frac{1}{4}$개, 쪽파 2뿌리, 다진 마늘 $\frac{1}{2}$숟갈, 진간장 4숟갈, 조청 2숟갈, 물 4숟갈, 참기름 3숟갈, 통깨 · 후춧가루 조금씩

꼬물댁의 요리 비법!

황태불고기 맛내기 황태는 명태를 그냥 말린 북어보다 국을 끓여도, 구이를 해도 맛이 훨씬 좋아요. 불고기를 할 때는 볶듯이 익히지 말고 굽듯이 한 번만 뒤집어 먹음직스럽게 지져 내야 맛있어요. 조청이 없으면 설탕으로 대신해도 괜찮고요. 물을 조금 더 넣어서 바글바글 조리면 부드러운 황태조림이 된답니다.

황태 대가리는 버리지 말고 냉동실에 두었다가 국물 낼 때 사용하세요.

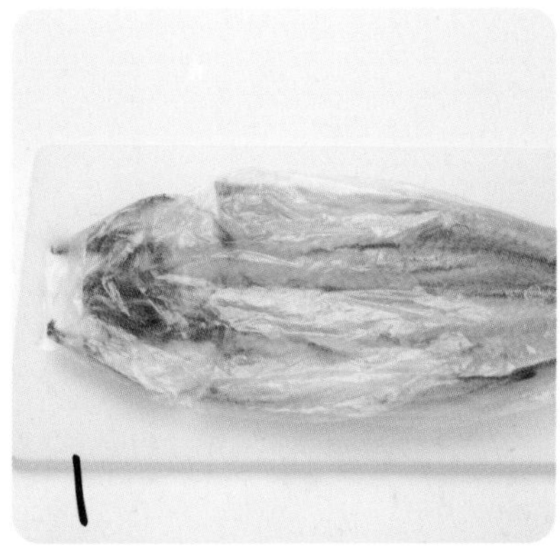

황태를 물에 적셔 비닐봉지로 싸서 30분 정도 불려요.

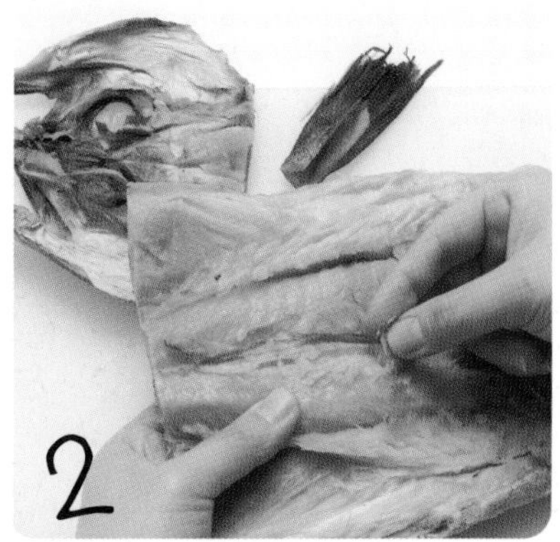

촉촉하게 불면 대가리와 꼬리, 지느러미를 잘라 내고 중간에 박힌 가시도 떼어요.

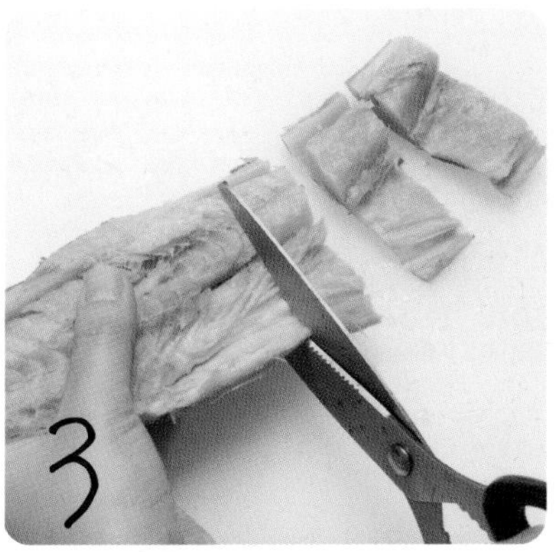

손질한 황태를 한입 크기로 잘라요. 이때 가위로 자르면 편해요.

양파는 다지고 쪽파는 송송 썰어 양념장을 미리 만들어 놓아요.

한입 크기로 자른 황태를 양념장에 살살 버무려 30분 정도 재워 놓아요.

팬에 식용유를 두르고 앞뒤로 노릇하게 지져 내면 되지요.

대구살 된장구이

대구는 고단백 저칼로리에 소화 흡수가 잘 되어서 꼬물이 이유식으로 애용했던 생선이에요. 냉동 대구살로 간단하게 양념구이를 만들어 보세요.

재료 준비

포 뜬 냉동 대구살(손바닥 크기) 2장, 후춧가루 조금, 밀가루 2숟갈, 식용유 조금

대구살 해동하기 대구살이 잠길 정도의 물, 청주 ½숟갈, 소금 ¼숟갈

양념장 된장 ⅓숟갈, 설탕 ¼숟갈, 쪽파 2뿌리, 물 2숟갈, 참기름 ½숟갈, 통깨 조금

꼬물댁의 요리 비법!

냉동 생선살 해동하기 냉동 생선살을 해동할 땐 소금과 청주를 섞은 물에 담가 해동해야 비린내가 없어지고 살도 단단해져요. 단, 너무 오래 담가 두면 생선의 맛이 다 빠져 나가니까 얼음이 녹아 없어질 때까지만 담가 놓아야 해요.

1 냉동 대구살을 청주와 소금 탄 물에 얼음이 녹을 때까지만 담갔다가 체에 밭쳐 물기를 쏙 빼요.

2 후춧가루를 솔솔 뿌린 뒤 밀가루를 앞뒤로 고루 묻혀 탈탈 털어요.

3 식용유를 조금 두른 팬에 대구살을 놓고 앞뒤로 살짝 구워요.

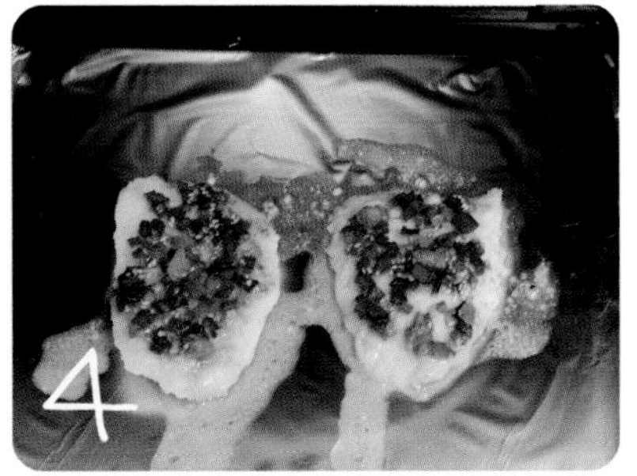

4 양념장을 고루 얹어 (생선)그릴에 넣고 노릇하게 구워요.

갈치카레구이

갈치는 단백질이 풍부하고 지방이 적당히 들어 있어서 맛이 좋다고 하네요. 육질이 연해서 소화도 잘 된다니 아이들 반찬으로 '딱~' 이지요.

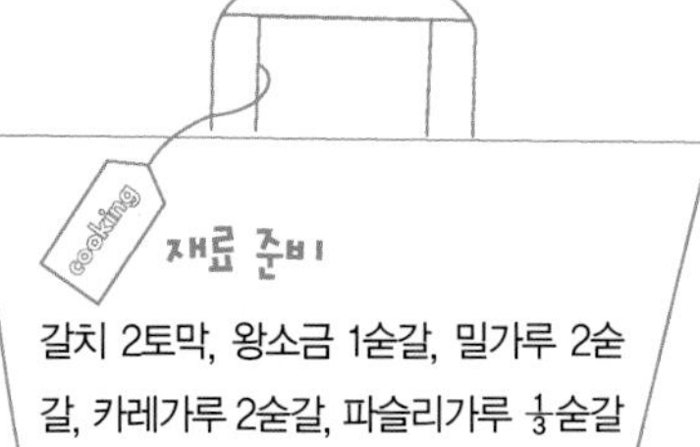

재료 준비

갈치 2토막, 왕소금 1숟갈, 밀가루 2숟갈, 카레가루 2숟갈, 파슬리가루 $\frac{1}{3}$숟갈

1 갈치를 구이용으로 손질해 은빛 껍질을 긁어낸 뒤 왕소금을 뿌려 30분 정도 절여 놓았다가 물로 깨끗이 씻어요.

2 밀가루, 카레가루, 파슬리가루를 잘 섞어서 갈치에 바른 뒤 약간만 털어 내요.

3 그릴에 넣어 노릇하게 구우면 되지요.

꼬물댁의 요리 비법!

갈치 팬에 굽기 그릴에 굽는 것이 더 담백하고 모양도 예쁘지만, 팬에 식용유를 두르고 구워도 돼요. 팬에 구울 때는 카레가루가 타지 않게 조심하세요. 갈치의 은빛 비늘에는 몸에 좋지 않은 성분이 들어 있다고 하니 반드시 벗겨 내세요.

가자미 간장조림

가자미는 담백해서 대구와 함께 꼬물이 이유식에 많이 쓴 생선이에요. 밀가루를 살짝 입혀 지져도 좋고, 양념구이를 해도 맛있고요. 이번엔 부드러운 조림을 해 볼까요.

재료 준비

가자미(중간 크기) 1마리, 왕소금 1숟갈, 대파 $\frac{1}{2}$대, 통깨 조금

양념장 진간장 2숟갈, 설탕 $\frac{1}{2}$숟갈, 다진 마늘 $\frac{1}{2}$숟갈, 다진 생강 $\frac{1}{3}$숟갈, 청주 $\frac{1}{2}$숟갈, 참기름 1숟갈, 후춧가루 조금, 물 1컵

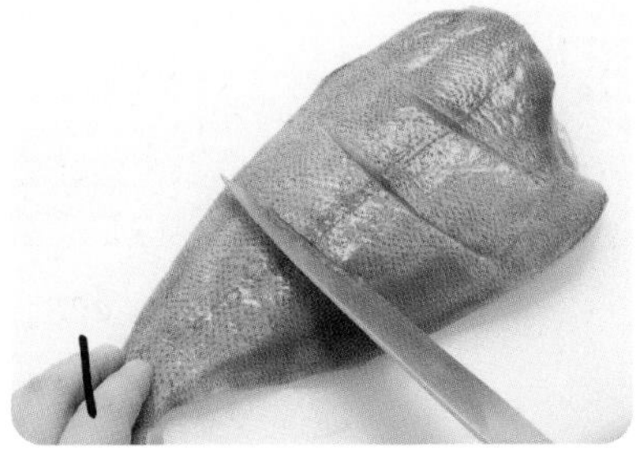

가자미를 구이용으로 손질해 비늘을 벗기고 왕소금을 뿌려 1시간 정도 절인 뒤, 물로 깨끗이 씻어 한쪽 면에만 칼집을 서너 개 내요.

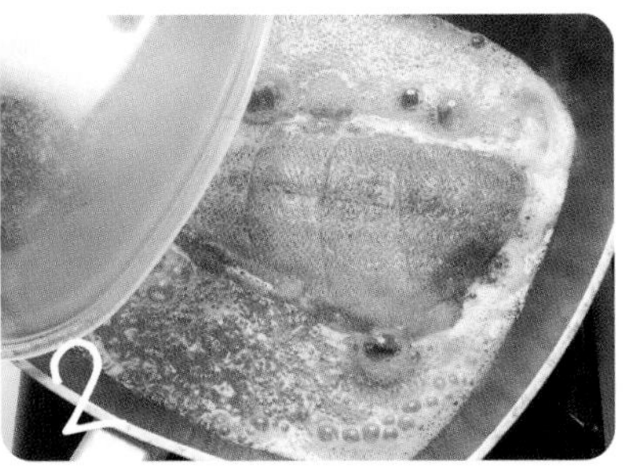

팬에 가자미를 담고 양념장을 부은 뒤 뚜껑을 덮어 조려요.

국물이 $\frac{1}{3}$ 정도로 졸아들면 뚜껑을 열고 송송 썬 대파를 얹어 국물을 뿌리면서 계속 조려요.

국물이 거의 졸아들면 통깨를 솔솔 뿌려 마무리해요.

꼬물댁의 요리 비법!

가자미 손질하기 가자미는 살 때 구이용으로 통째로 손질해 달라고 하면 머리, 꼬리, 지느러미, 내장을 떼고 비늘을 벗겨 칼집을 낸 뒤 왕소금을 뿌려 주지요. 집에 와서 1시간 정도 그대로 두었다가 깨끗이 씻어 내면 간이 딱 알맞답니다.

닭고기 간장조림

닭고기는 쇠고기나 돼지고기에 비해 살이 연하고 지방이 적어서 소화 기능이 약한 아이들에게 참 좋대요. 특히 다리살은 쫄깃하고 퍽퍽하지 않아서 맛이 좋아요.

재료 준비

닭고기(넓적다리살) 500g, 쪽파 2뿌리, 통깨 조금

닭고기 헹구기 닭고기가 잠길 정도의 물, 청주 1숟갈

닭고기 양념 양파 $\frac{1}{2}$개, 다진 마늘 $\frac{1}{2}$숟갈, 다진 생강 $\frac{1}{4}$숟갈, 진간장 $2\frac{1}{2}$숟갈, 설탕 $\frac{2}{3}$숟갈, 참기름 1숟갈, 후춧가루 조금

꼬숑댁의 요리 비법!

닭고기 양념구이 하기 닭고기를 양념구이 해도 맛있어요. 한입 크기로 썰지 않고 넓적한 모양 그대로 양념장에 1시간 정도 재놓았다가 센 불에 구워 내세요. 색다른 닭고기양념구이가 된답니다.

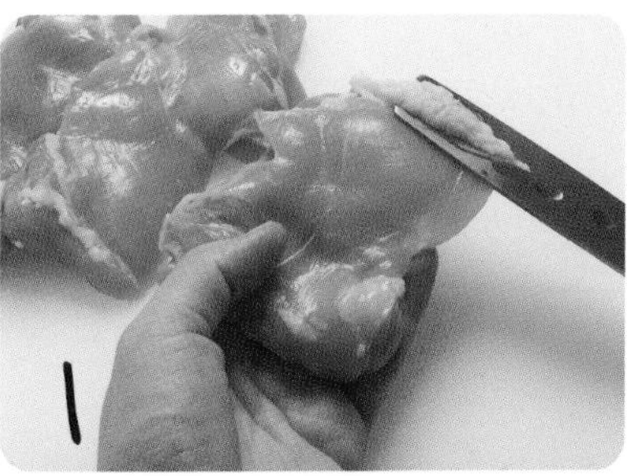

1 닭고기를 껍질과 기름을 떼어 낸 뒤 청주 탄 물에 한 번 헹궈 물기를 빼요. 한입 크기로 썰어요.

2 분량의 양념에 다진 양파를 넣고 닭고기를 무쳐 10분 정도 두어요.

3 팬에 양념한 닭고기를 넣고 볶아요.

4 국물이 거의 없어질 때까지 조리다가 송송 썬 쪽파, 통깨를 넣고 조금 더 볶아요.

쇠고기 달걀장조림

사태에는 콜라겐이 많이 들어 있어서 장조림을 만들면 쫀득하면서도 부드러운 맛이 그만이에요. 게다가 콜라겐은 근육과 뼈를 단단하게 해 준다고 하니 성장기 아이들에게 얼마나 좋겠어요?

재료 준비

쇠고기(사태) 300g, 달걀 4개, 진간장 $\frac{1}{4}$컵, 설탕 1숟갈

쇠고기 삶기 물 4컵, 통후추 20알, 표고버섯 밑동 4개, 마늘 6쪽

1 쇠고기를 물에 살짝 씻어 고기가 잠길 정도의 팔팔 끓는 물에 살짝 데친 뒤, 찬물에 다시 한 번 씻어 내요.

2 냄비에 물, 통후추, 표고버섯 밑동, 마늘, 쇠고기를 넣고 1시간 정도 푹 삶아요. 젓가락으로 찔러 보아 부드럽게 들어가면 돼요.

꼬물댁의 요리 비법!

달걀 삶기 달걀을 냉장고에서 꺼내 바로 삶으면 급격한 온도 변화로 달걀이 터지기 쉬워요. 먼저 찬물에 담가 서서히 온도를 올린 뒤 약한 불로 끓이기 시작해야 터지는 것을 막을 수 있죠. 끓기 시작해서 7분 정도 지나면 반숙, 10분 정도 익히면 완숙이 된답니다.

장조림은 밑이 두꺼운 냄비에 은근히 끓여야 국물이 빨리 졸아들지 않고 부드럽게 익힐 수 있어요. 중간에 물이 너무 졸아든다 싶으면 더 넣어도 상관없어요.

3 그동안 달걀을 완숙으로 삶아 찬물에 담갔다가 꺼내 껍데기를 벗겨 놓아요. 물이 끓기 시작해서 10분 정도 삶으면 돼요.

4 삶은 고기를 건져 결대로 쪽쪽 찢어 다시 삶은 물에 넣고, 나머지 건더기는 건져 내요.

5 진간장, 설탕으로 간을 하고 달걀도 넣어 끓여요.

6 국물이 건더기의 반 정도로 졸아들면 다 된 거예요.

소고기 안심볶음

연한 육질에 지방이 거의 없고 철분이 풍부한 붉은 살코기는 이유식이나 아이 반찬으로 좋지요. 비타민이 풍부한 파프리카와 브로콜리를 함께 볶으면 영양 균형도 맞출 수 있답니다.

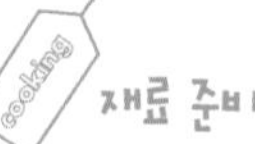

재료 준비

쇠고기(안심) 300g, 브로콜리 8줄기(200g), 노란색·주황색 파프리카 ½개씩, 새송이버섯 2개, 식용유 1숟갈, 다진 마늘 1숟갈, 와인(또는 청주) 1숟갈, 소금 ½숟갈, 진간장 ½숟갈, 후춧가루 조금

쇠고기 밑간 소금 ¼숟갈, 후춧가루 조금

브로콜리 데치기 브로콜리가 잠길 정도의 물, 왕소금 ½숟갈

쇠고기를 큼직하게 썰어 밑간 해 놓아요.

브로콜리는 연한 소금물에 살짝 데쳐 물기를 쏙 빼고, 파프리카는 반 갈라 씨를 빼요. 채소를 모두 큼직하게 썰어요.

꼬물댁의 요리 비법!

쇠고기안심볶음 맛내기 쇠고기 안심은 물기가 생기지 않도록 그을린다는 기분으로 센 불에 후다닥 볶아야 제 맛이 나요. 브로콜리는 미리 연한 소금물에 데쳐서 볶아야 훨씬 부드럽고 간이 잘 배고요. 마늘은 통마늘을 편으로 썰어 넣고 볶는 게 보기 좋지요.

이처럼 물기 없이 후다닥 볶아야 하는 요리는 밑이 두껍지 않고 넓은 팬을 써야 맛있게 볶아진답니다.

달군 팬에 식용유를 두르고 다진 마늘을 볶다가 쇠고기를 넣고 와인을 뿌려 볶아요.

브로콜리, 파프리카, 버섯을 넣고 소금, 진간장, 후춧가루로 간을 해서 센 불에 후다닥 볶아요.

꼬물댁의 하나 더!

쇠고기안심꼬치구이

재료 쇠고기(안심) 300g, 새송이버섯 2개, 파프리카 1개

고기 밑간 청주 1숟갈, 소금 ¼숟갈, 참기름 1숟갈, 후춧가루 조금

양념장 물 ½컵, 다진 마늘 1숟갈, 진간장 2숟갈, 조청 1숟갈

만들기

1 안심을 큼직하게 썰어 밑간을 하고, 버섯과 파프리카도 큼직하게 썰어 놓아요.

2 양념장을 중간 불에서 5분 정도 팔팔 끓여 졸여요.

3 밑간 한 쇠고기와 채소들을 꼬치에 번갈아 꿰어요.

4 팬에 양념장을 발라 가며 구워요.

TIP 브로콜리를 연한 소금물에 살짝 데쳐 함께 구워도 맛있어요.

돼지갈비조림

돼지갈비찜이나 구이를 하려면 뭔가 번거롭다는 생각이 들어서 한 번 하려면 큰맘을 먹게 되죠? 조림을 해 보세요. 간단하게 만들 수 있어서 반찬으로 아주 좋답니다.

재료 준비

돼지갈비 1kg, 새송이버섯 2개, 양파 1개, 식용유 2숟갈, 청주 1숟갈, 진간장 2숟갈, 설탕 1숟갈, 계피가루 조금, 물 ¼컵, 꿀 1숟갈, 통깨 조금

돼지갈비 우리기 돼지갈비가 잠길 정도의 물, 청주 ¼컵

돼지갈비 밑간 다진 마늘 1숟갈, 다진 생강 ½숟갈, 소금 ½숟갈, 후춧가루 조금, 참기름 1숟갈

꼬물댁의 요리 비법!

돼지갈비조림 맛내기 돼지갈비는 얼리지 않은 갈비로 사야 야들야들한 육질을 맛볼 수 있어요.

계피가루는 반드시 넣어야 하는 것은 아니지만 돼지고기 요리를 할 때 조금 넣으면 감칠맛이 생겨서 좋아요. 꿀이 없으면 조청으로 대신해도 되고요.

남은 돼지갈비는 김치찌개를 할 때 넣으면 좋아요. 진한 국물 맛이 일품이랍니다.

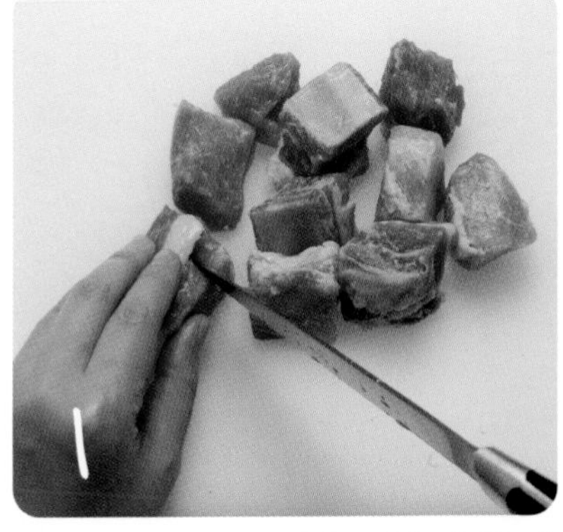

1 돼지갈비를 큼직하게 썰어 두꺼운 지방을 떼요. 너무 두껍다 싶으면 군데군데 칼집을 내요.

2 물에 두어 번 주무르며 헹군 뒤 청주 탄 물에 30분쯤 담갔다가 다시 두어 번 찟물을 헹궈 물기를 빼요.

3 밑간을 해서 10분 정도 재워 두어요.

4 양파는 굵게 다지고, 버섯은 큼직하게 썰어 놓아요.

5 식용유 두른 팬에 갈비를 넣고 튀기듯이 노릇하게 볶아요. 중간에 청주 1숟갈을 뿌려요.

6 다진 양파와 진간장, 설탕, 계피가루, 물을 넣고 국물이 졸 때까지 바싹 조린 뒤 마지막에 버섯, 꿀, 통깨를 넣고 더 볶아요.

돼지고기 간장구이

돼지갈비구이는 먹고 싶고~ 갈비 손질하는 건 귀찮고~ 그럴 때 목살로 양념구이를 해 보세요. 야외로 나들이 가서 숯불에 구워 먹을 기회가 있으면 꼭 한번 해 보세요.

재료 준비

돼지고기(목살) 300g, 양파 $\frac{1}{2}$개, 대파 조금

양념장 진간장 2$\frac{1}{2}$숟갈, 설탕 1숟갈, 청주 1숟갈, 다진 마늘 $\frac{2}{3}$숟갈, 다진 생강 $\frac{1}{3}$숟갈, 참기름 1$\frac{1}{2}$숟갈, 통깨 조금

1 돼지고기 목살을 물에 살짝 헹궈 두꺼운 지방을 떼어 내고 칼집을 내요.

2 양파는 곱게 다지고 대파는 송송 썰어 넣어 양념장에 고루 무친 뒤 1시간 정도 재워 놓아요.

3 팬에 앞뒤로 굽다가 중간에 가위로 적당히 잘라 마저 굽지요.

꼬물댁의 요리 비법!

돼지 불고기 만들기 맛은 좀 다르지만 돼지고기를 미리 작게 썰어서 불고기 볶듯이 볶아 먹어도 괜찮아요. 돼지고기는 콜레스테롤 함량이 높으니까 상에 낼 때 상추나 깻잎 같은 채소를 곁들여 준비하는 게 좋겠죠?

삼겹살 된장볶음

삼겹살을 색다르게 된장으로 양념해 보세요. 의외로 맛이 아주 좋답니다. 양념에 재웠다가 구워 먹어도 좋고, 작게 썰어 달달 볶아도 맛있지요.

재료 준비

돼지고기(삼겹살) 400g, 쪽파 3뿌리
양념장 양파 1개, 다진 마늘 1숟갈, 다진 생강 $\frac{1}{3}$숟갈, 청주 1숟갈, 된장 1숟갈, 진간장 1숟갈, 설탕 $1\frac{1}{2}$숟갈, 참기름 2숟갈, 통깨 · 후춧가루 조금씩

삼겹살을 물에 살짝 헹궈 길쭉하게 썰어요. 쪽파는 2cm 정도로 썰고요.

양파를 채 썰어 넣고 양념장으로 무친 뒤 1시간 정도 재워 놓아요.

팬에 삼겹살을 달달 볶다가 거의 익으면 쪽파를 넣고 조금 더 볶아요.

꼬질댁의 요리 비법!

돼지고기 수육 만들기 돼지고기 수육은 목살이나 삼겹살로 만드는 게 맛이 가장 좋아요. 통째로 삶아 기름기를 쏙 빼서 새우젓과 채소를 곁들여 먹으면 콜레스테롤 걱정도 줄이고 소화도 잘 된답니다.

part3

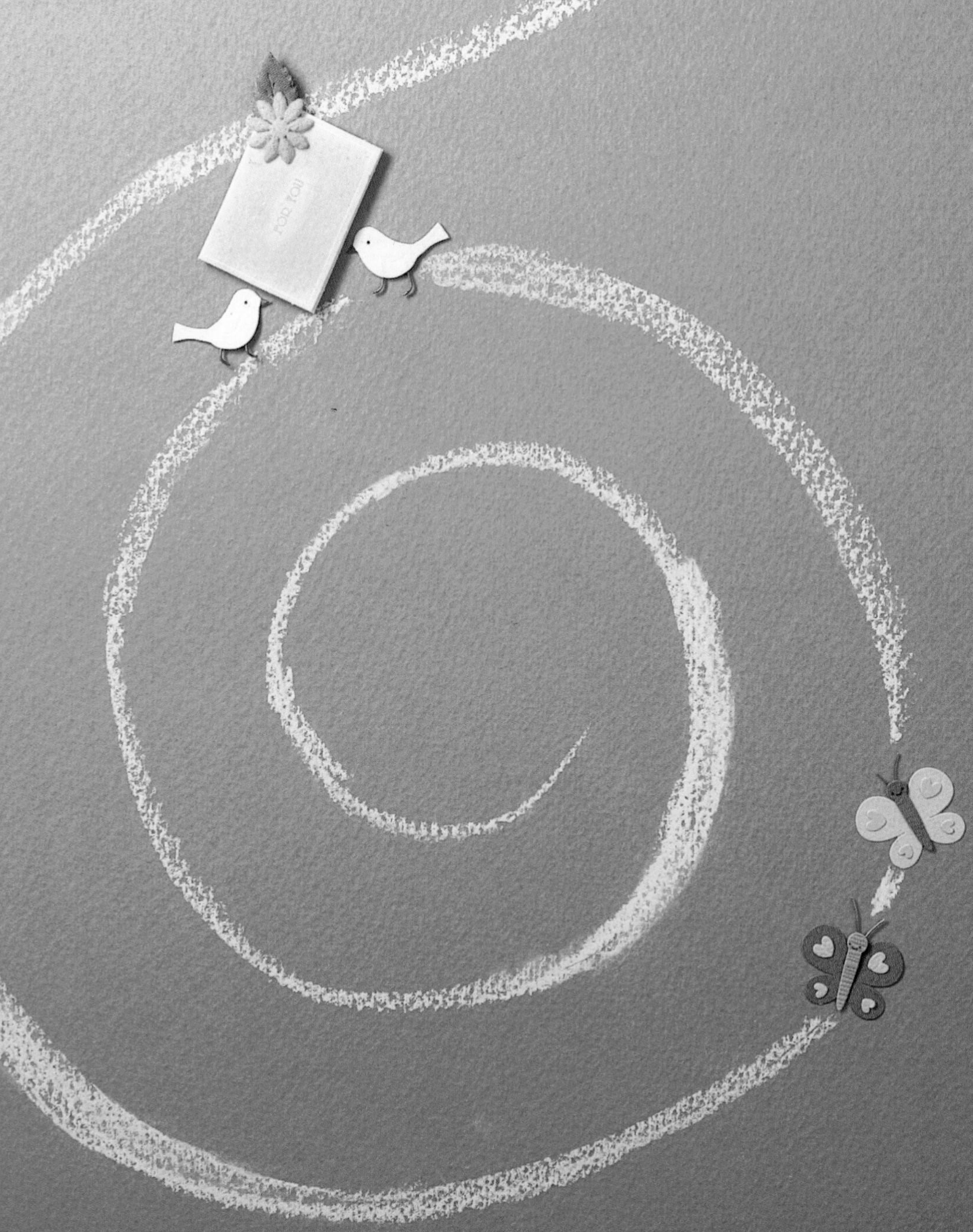

싫어하는 재료를 감쪽같이~

반짝 아이디어 반찬

'완두 싫어' '당근은 빼고~' 이것저것 빼라는 게 많지요?
아이들이 싫어하는 야채들을 골라낼 수 없게 반짝반짝 아이디어를 냈어요.
배가 불러도 꼭 한입 더 먹고 싶은 생각이 들게 하는 반찬입니다.
무엇보다 주방에서 휘리릭~ 손쉽게 만들 수 있어서 좋아요.

집에서 만든 어묵

어묵을 살 때마다 고민스러운 점이 있어요. 성분을 꼼꼼하게 살펴보면 어쩜 그렇게 식품첨가물이 많이 들어 있는지…. 보시면 아마 놀라실 거예요. 뜨거운 물에 한번 헹궈 낸 뒤 조리하면 조금 낫다고는 하는데, 그래도 역시 엄마가 직접 만들어 주는 게 가장 좋겠죠?

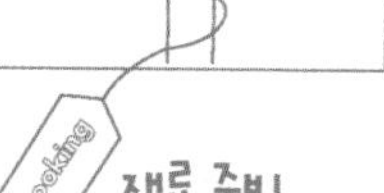

재료 준비

포 뜬 냉동 대구살 200g, 새우살 $\frac{1}{2}$컵, 당근 2토막, 양파 $\frac{1}{4}$개, 애느타리버섯 1줌, 쪽파 2뿌리, 식용유 적당량

대구살 해동하기 대구살이 잠길 정도의 물, 청주 1숟갈, 소금 $\frac{1}{2}$숟갈

새우살 헹구기 새우살이 잠길 정도의 물, 청주 $\frac{1}{2}$숟갈

양념 감자가루 $\frac{1}{2}$컵, 밀가루 $\frac{1}{4}$컵, 달걀 1개, 다진 마늘 $\frac{1}{2}$숟갈, 진간장 2숟갈, 소금 $\frac{1}{2}$숟갈, 설탕 $\frac{2}{3}$숟갈, 참기름 2숟갈, 후춧가루 조금

꼬올댁의 요리 비법!

어묵 맛내기 반죽을 숙성시키지 않으면 바삭한 생선볼같이 되고, 오래 숙성시킬수록 쫄깃해져요. 반죽의 반은 그냥 튀기고, 나머지는 카레가루 1숟갈을 넣어 튀기면 두 가지 맛을 즐길 수 있지요.

들어가는 채소는 청양고추, 깻잎, 시금치 등 자투리 채소라면 뭐든지 괜찮아요. 냉동실에 굴러다니는 오징어를 넣어도 좋고요. 음식점에서 생선회 먹다 남은 것을 집에 가지고 와서 냉동해 두었다가 어묵을 만들었는데, 훨씬 부드럽고 쫄깃하더라고요.

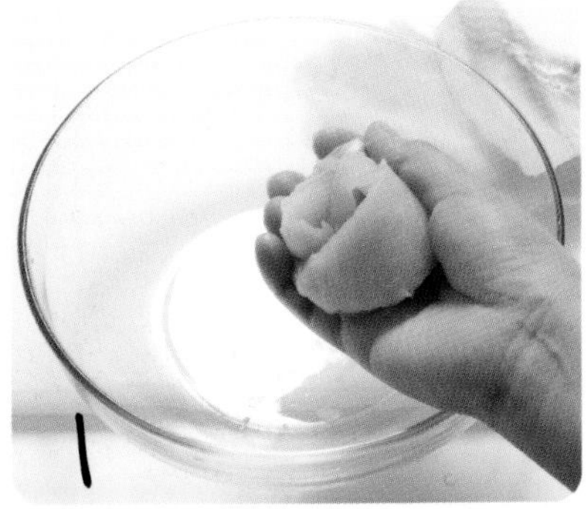

대구살을 청주, 소금 탄 물에 얼음이 없어질 때까지 담갔다가 건져 물기를 살짝 짜요.

새우살은 청주 탄 물에 헹궈 물기를 쏙 빼요. 대구살과 새우살을 커터에 넣고 아주 곱게 갈아요.

여러 가지 채소를 곱게 다져 준비해요.

대구살, 새우살, 채소들, 양념을 한데 담고 반죽해 냉장고에서 2시간 정도 숙성시켜요.

숟가락 두 개로 반죽을 동그랗게 떠 넣어 식용유에 튀기면 되지요.

무말랭이 간장조림

무말랭이는 칼슘과 철분이 풍부해서 아이들에게 좋은 반찬이랍니다. 흔히 하는 고추장무침보다 약간 달콤하게 간장 양념으로 조려 줬더니 꼬물이가 더 잘 먹는 거 있죠.

재료 준비

무말랭이 1컵, 물 2컵(무말랭이 불리기), 참기름 1숟갈, 통깨 조금

양념장 진간장 2숟갈, 조청 1숟갈, 다진 마늘 $\frac{1}{3}$숟갈, 식용유 1숟갈, 물 $\frac{1}{2}$컵

무말랭이를 물에 두어 번 재빨리 씻어 넣고 20분 정도 불려 물기를 꼭 짜요.

팬에 분량의 양념장을 넣고 바글바글 끓여요.

꼬물댁의 요리 비법!

무말랭이 맛있게 조리기 무말랭이는 너무 바싹 조리면 오히려 단단해져요. 물기가 자작하게 돌게끔 조려야 부드럽게 된답니다. 조청이 없으면 설탕을 넣어도 괜찮아요. 요즘 무말랭이는 대형 마트나 유기농 가게에서 손쉽게 살 수 있어요.

양념장이 끓으면 무말랭이를 넣고 조려요.

국물이 거의 졸아들면 참기름, 통깨를 넣어 두어 번 뒤적거려요.

도라지 쇠고기산적

도라지는 섬유질과 칼슘이 풍부한 식품이라서 아이에게 많이 먹이고 싶지만, 특유의 쓴맛 때문에 잘 먹으려고 들지 않지요. 이때 쇠고기와 함께 산적을 만들어 주면 잘 먹는답니다.

재료 준비

통도라지 1줌, 쇠고기(등심) 200g, 달걀 4개, 소금 조금, 밀가루 · 식용유 적당량

도라지 우리기 도라지가 잠길 정도의 물, 왕소금 ½숟갈

쇠고기 밑간 양파즙 ¼개분, 다진 마늘 ½숟갈, 소금 ¼숟갈, 진간장 ½숟갈, 청주 ½숟갈, 참기름 1숟갈, 후춧가루 조금

도라지 밑간 소금 ¼숟갈, 참기름 1숟갈

＊양파즙은 양파를 곱게 다진 후 손으로 꼭 짜면 쉽게 만들 수 있어요.

1 통도라지를 껍질을 벗겨 4cm 길이로 썰어 연한 소금물에 30분쯤 담갔다가 물에 두어 번 헹궈 물기를 빼요.

2 쇠고기를 도라지와 비슷한 크기로 썰어 준비한 양념으로 밑간 하고 도라지도 밑간 해요.

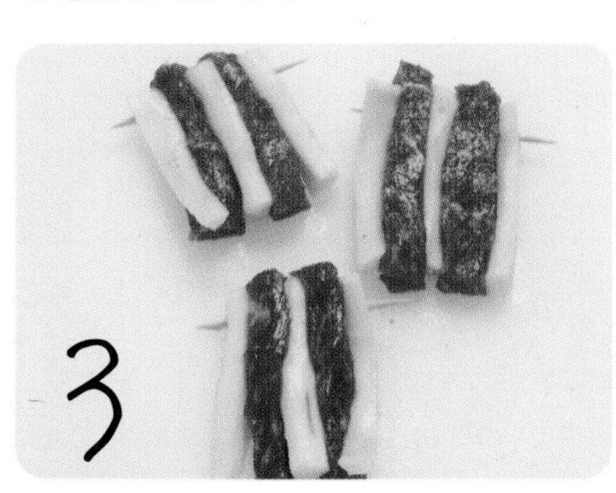

3 간이 밴 쇠고기와 도라지를 번갈아 가며 꼬치에 꿰어요.

4 달걀에 소금을 조금 넣고 잘 푼 뒤, 도라지쇠고기꼬치를 밀가루, 달걀물 순으로 입혀서 식용유 두른 팬에 노릇하게 지져요.

꼬물댁의 요리 비법!

맛있는 재료 고르기 껍질째 있는 통도라지를 써야 모양도 좋고 몸에도 좋아요. 도라지 껍질은 필러(감자 껍질 벗기는 도구)로 벗기면 편하지요. 산적용으로 파는 쇠고기는 살이 퍽퍽해서 맛이 좀 덜해요. 등심을 쓰면 훨씬 맛있답니다.

영양 만점 달걀과 우유, 브로콜리, 바나나까지~. 특히 바나나는 익으면 칼륨과 마그네슘이 풍부해진다고 해요. 달착지근해서 아이들이 좋아하는 반찬 겸 간식, 달걀구이랍니다.

재료 준비

달걀 4개, 우유 4숟갈, 브로콜리3줄기, 바나나 1개, 소금 $\frac{1}{4}$숟갈, 설탕 $\frac{1}{3}$숟갈, 식용유 조금

브로콜리 데치기 브로콜리가 잠길 정도의 물, 왕소금 $\frac{1}{2}$숟갈

브로콜리는 데쳐 썰고, 바나나는 둥글게 썰어요.

달걀, 우유를 섞어 소금, 설탕으로 간한 뒤 브로콜리, 바나나를 넣고 섞어요.

팬에 식용유를 둘렀다 종이 타월로 살짝 닦아 낸 뒤 달걀물을 1.5cm 두께로 부어 약한 불에 은근히 익혀요.

거의 익으면 뒤집어 그 위에 달걀물을 0.5cm 정도 높이가 되게 부어 익히기를 여러 번 반복해요.

꼬들댁의 요리 비법!

달걀구이 맛있게 굽기 두껍게 구워야 모양이 예쁘니 작은 팬에 높이가 있게 구우세요. 불을 약하게 하고, 뚜껑을 덮으면 훨씬 잘 익어요. 바나나는 동글동글하게 썰어야 먹음직스럽고 씹는 맛도 좋지요.

명란젓 달걀찜

명란젓은 명태의 알을 염장해서 만든 발효식품인데 단백질이 풍부하고 뇌 발달에 도움을 주는 성분이 많이 들어 있다고 하네요. 그냥 주는 것보다 달걀찜에 살짝 숨겨 주면 더 잘 먹지요.

재료 준비

달걀 4개, 다진 명란젓 2숟갈, 애느타리버섯 1줌, 대파 조금, 물 $\frac{1}{4}$컵, 참기름 1숟갈, 통깨 조금

버섯, 파, 명란젓을 각각 다져요.

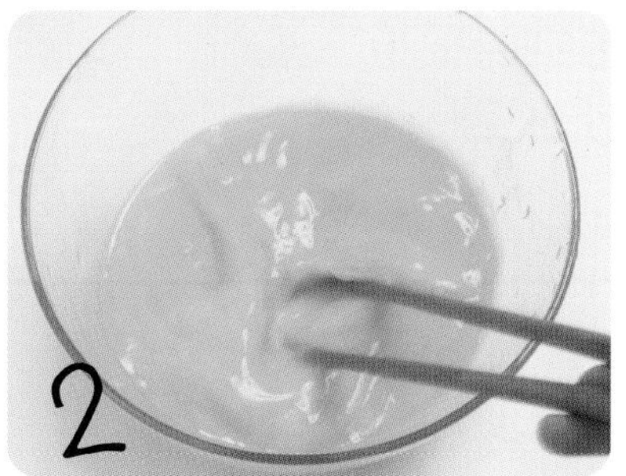

달걀을 골고루 잘 풀어 놓아요.

달걀에 다져 놓은 재료를 모두 넣고 고루 섞어요.

냄비에 달걀 그릇을 넣고 물을 그릇 높이의 반쯤 부어 뚜껑을 덮고 25분가량 중탕해요.

꼬물댁의 요리 비법!

명란젓 고르기 명란젓을 고를 땐 꼼꼼하게 따져 봐야 해요. 어떤 것은 식품첨가물이 너무 많이 들어 있거든요. 명란과 소금, 고춧가루 외에 들어간 것들은 좋지 않은 성분일 수 있으니 믿을 만한 곳을 이용하세요.

쑥갓된장떡

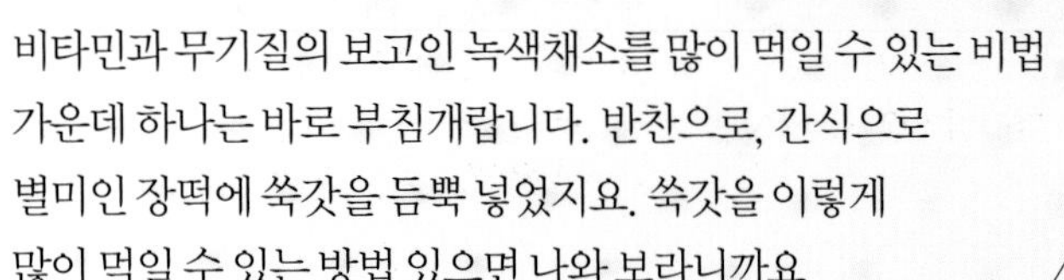

비타민과 무기질의 보고인 녹색채소를 많이 먹일 수 있는 비법 가운데 하나는 바로 부침개랍니다. 반찬으로, 간식으로 별미인 장떡에 쑥갓을 듬뿍 넣었지요. 쑥갓을 이렇게 많이 먹일 수 있는 방법 있으면 나와 보라니까요.

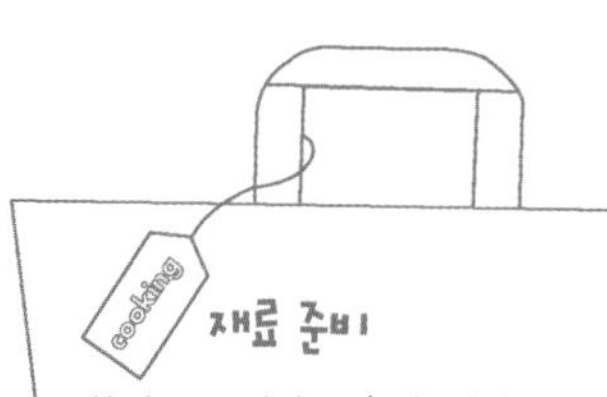

재료 준비

쑥갓 1줌, 밀가루 $\frac{1}{2}$컵, 달걀 1개, 된장 1숟갈, 설탕 $\frac{1}{2}$숟갈, 물 $\frac{1}{4}$컵, 식용유 적당량

쑥갓을 물에 여러 번 깨끗이 씻어 물기를 탈탈 턴 뒤 잘게 썰어요.

밀가루, 달걀, 된장, 설탕, 물을 섞어 반죽한 뒤 쑥갓을 넣고 살살 뒤적여 섞어요.

꼬물댁의 요리 비법!

장떡 맛있게 부치기 장떡은 채소는 넉넉하게, 반죽은 되직하게 만들어야 맛도 좋고 모양도 예뻐요. 타기 쉬우니까 약한 불에서 노릇하게 부치세요.
쑥갓뿐 아니라 아이들이 잘 먹지 않는 참나물이나 부추도 장떡에 잘 어울리고, 고추장과 된장을 반씩 섞어 부쳐도 맛있어요.

달군 팬에 식용유를 두르고 반죽을 한 숟갈씩 도톰하게 떠 넣어요.

약한 불에서 앞뒤로 노릇하게 부쳐 내면 되지요.

부추고추장떡

재료 부추 1줌, 밀가루 $\frac{1}{2}$컵, 달걀 1개, 고추장 $1\frac{1}{2}$숟갈, 설탕 $\frac{1}{2}$숟갈, 물 $\frac{1}{4}$컵, 식용유 적당량

만들기

1 부추를 잘 다듬어 깨끗이 씻은 뒤 잘게 썰어 놓아요.

2 밀가루, 달걀, 고추장, 설탕, 물을 섞어 반죽을 만든 뒤 부추를 넣고 살살 섞어요.

3 팬에 식용유를 두르고 반죽을 떠 넣어 약한 불에서 도톰하게 지져 내면 되지요.

TIP 고추장과 된장을 반반씩 섞어 부쳐도 맛있어요.

파래 오징어전

각종 미네랄과 비타민이 풍부한 파래는 주로 무쳐 먹는데, 아이들이 잘 안 먹는 게 문제지요. 맛을 한층 좋게 하는 오징어와 함께 전을 부쳐 보세요. 파래를 듬뿍 넣은 부침개를 먹는 걸 보고 있으면 엄마 맘이 뿌듯해진답니다.

Baby Girl

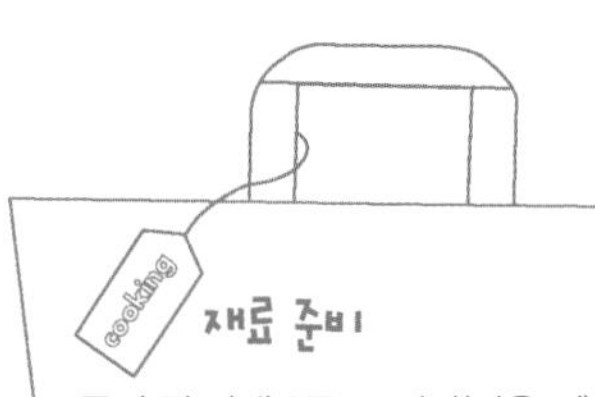

재료 준비

물기 짠 파래 2줌, 오징어(작은 것) 2마리, 밀가루 1컵, 달걀 1개, 물 $\frac{2}{3}$컵, 소금 $\frac{1}{2}$숟갈, 식용유 적당량

1 파래를 지저분한 것이 나오지 않을 때까지 물에 흔들어서 여러 번 씻어요.

2 물기를 꼭 짠 파래를 여러 번 썰어 놓아요.

꼬물댁의 요리 비법!

파래 손질 · 보관하기 파래에는 의외로 지저분한 찌꺼기가 많이 붙어 있어요. 불린 미역을 헹구듯이 손으로 휘저으며 여러 번 깨끗이 씻으세요.

파래는 보관 기간이 아주 짧아요. 생것을 그냥 냉장고에 보관하면 이틀 정도면 물러서 상해요. 식초를 넣고 새콤하게 무치면 오래 두고 먹을 수 있답니다. 파래는 값이 싼 편이라서 많은 양을 한꺼번에 파니까 이렇게 전을 부치면 알뜰하게 먹을 수 있어요.

3 오징어를 손질해서 깨끗이 씻은 뒤 굵게 다져 놓아요.

4 밀가루에 물, 달걀, 소금을 넣어 잘 푼 뒤 파래, 오징어를 넣어 반죽을 만들어요.

5 식용유를 두른 팬에 반죽을 적당한 크기로 떠 넣어 노릇하게 부쳐 내요.

돼지고기 연근완자

돼지고기완자는 아이들이 좋아하는 반찬 중 하나이지요. 양파를 넉넉하게 다져 넣으면 부드러운 맛이 참 좋답니다. 몸에 참 좋긴 한데 아이들이 잘 안 먹는 뿌리채소 연근을 먹이는 방법으로 돼지고기완자를 이용해 보자고요.

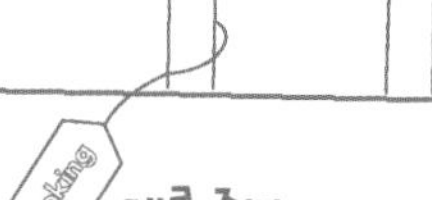

재료 준비

간 돼지고기 400g, 연근 2토막(100g), 양파 1개, 쪽파 2뿌리, 달걀 1개, 밀가루 2숟갈, 진간장 1숟갈
돼지고기 밑간 고운 소금 $\frac{1}{2}$숟갈, 다진 마늘 $\frac{1}{2}$숟갈, 다진 생강 $\frac{1}{3}$숟갈, 참기름 2숟갈, 청주 1숟갈, 후춧가루 조금
연근 데치기 연근이 잠길 정도의 물, 왕소금 $\frac{1}{2}$숟갈, 식초 1숟갈

간 돼지고기에 준비한 양념으로 밑간을 해 놓아요.

연근은 껍질을 벗겨 적당히 썰어 소금, 식초를 넣은 물에 3분 정도 데쳐요.

꼬물댁의 요리 비법!

돼지고기완자 맛내기 돼지고기는 기름이 많이 나와서 따로 식용유를 두르지 않아도 잘 부쳐져요. 돼지고기완자를 큼직하고 도톰하게 부쳐서 햄버거 패티로 사용해도 좋은데, 이때는 쪽파 대신 파슬리가루를 넣는 게 더 잘 어울린답니다.
연근은 껍질을 벗겨 썰어 놓은 것보다 껍질째 있는 통연근을 사세요. 그래야 표백제 걱정을 하지 않지요.

데친 연근을 찬물에 얼른 헹궈 곱게 다지고, 양파와 쪽파도 곱게 다져요.

준비한 모든 재료를 섞어 반죽해서 고루 치대 놓아요.

식용유를 두르지 않은 팬에 반죽을 숟가락으로 동그랗게 떠 넣고 약한 불에서 노릇하게 지져요.

참소라구이

조개류 중에서도 부드럽고 도톰한 참소라살로 아이 반찬을 만들어 볼까요? 간장 양념을 만들어 조림을 해도 좋지만 이렇게 꼬치에 꿰어 주면 훨씬 더 잘 먹는답니다.

재료 준비

참소라살 5~6개(200g), 식용유 조금
참소라살 삶기 소라살이 잠길 정도의 물, 왕소금 $\frac{1}{3}$숟갈, 청주 1숟갈
참소라살 밑간 다진 마늘 $\frac{1}{3}$숟갈, 참기름 1숟갈, 소금 · 후춧가루 조금씩
양념장 진간장 $\frac{1}{2}$숟갈, 조청 1숟갈, 다진 생강 $\frac{1}{2}$숟갈을 꼭 짜서 즙낸 것, 물 1숟갈

참소라살을 청주와 소금을 넣은 물에 살짝 데쳐요.

데친 참소라살을 꼬치에 꿰기 좋게 납작하게 서너 번 썰어 밑간을 해요.

꼬물댁의 요리 비법!

참소라살 손질하기 요즘은 마트에서 참소라살만 쏙 빼서 팔더라고요. 껍데기째 샀으면 청주와 소금을 섞은 물에 삶아 낸 뒤 속살을 돌돌 말면서 빼 내어 푸른색의 내장을 잘라 내고 조리하면 되지요.
반드시 국내산 참소라살로 만들어야 질기지 않고 부드러운 질감을 느낄 수 있어요.

납작한 모양을 살려 너무 바짝 붙지 않게 꼬치에 꿰어 놓아요.

식용유를 두른 팬에 살짝 굽다가 양념장을 발라가며 노릇하게 구워 내요.

꼬물댁의 하나 더!

오징어꼬치구이

재료 오징어 2마리, 중파 2대
양념 진간장 1숟갈, 조청 1숟갈, 양파 $\frac{1}{4}$개, 참기름 1숟갈, 통깨 조금

만들기
1 오징어는 통으로 굵게 채 썰고, 중파도 오징어 크기와 비슷하게 썰어요.
2 썰어 놓은 오징어와 중파에 양파를 다져 넣어 만든 분량의 양념을 넣고 살살 무쳐요.
3 양념한 오징어와 중파를 꼬치에 적당히 꿰어 팬에 지져 내요.
TIP 오징어 다리는 질길 수 있어요. 몸통만 사용하면 아이가 더 잘 먹지요.

낙지잡채

낙지는 단백질, 철분, 비타민이 풍부하고 육질이 부드러워서 아이들 반찬으로 훌륭한 재료랍니다. 어른들이야 매콤하게 볶아야 맛있지만, 아이들에겐 너무 맵지요. 간장 양념을 발라 낙지호롱을 해 주거나 이렇게 잡채를 만들 때 넣어 주면 좋아요.

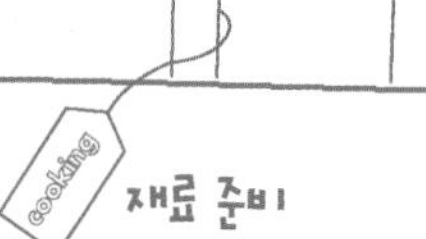

재료 준비

낙지 2마리, 당면 2줌, 새송이버섯 2개, 팽이버섯 1봉지, 당근 2토막, 양파 $\frac{1}{2}$개, 쪽파 4뿌리, 식용유 1숟갈, 소금 조금, 진간장 6숟갈, 설탕 1$\frac{1}{2}$숟갈, 참기름 3숟갈, 물 $\frac{1}{4}$컵, 통깨 · 후춧가루 조금씩

낙지 밑간 진간장 1숟갈, 다진 마늘 $\frac{1}{2}$숟갈, 청주 $\frac{1}{2}$숟갈, 참기름 $\frac{1}{2}$숟갈, 후춧가루 조금

당면을 미지근한 물에 1시간 정도 불린 뒤 적당히 가위로 잘라 놓아요.

낙지를 손질해서 깨끗이 씻은 뒤 5cm 정도로 썰어 밑간을 해 놓아요.

꼬물댁의 요리 비법!

낙지 손질하기 낙지는 중간 정도의 것으로 골라야 질기지 않고 야들야들하답니다. 낙지 대가리 안에 들어 있는 내장과 입 부분의 검은 뼈를 빼 내고 눈은 가위로 잘라 내요. 그릇에 담아 밀가루를 뿌리고 물을 조금 넣어 바락바락 문지른 뒤 물에 여러 번 깨끗이 헹궈야 빨판에 붙어 있는 지저분한 것과 겉의 미끌미끌한 점액질을 없앨 수 있어요. 밀가루 대신 왕소금을 써도 되지만, 그럴 경우에는 나중에 간을 맞출 때 주의해야 해요.

새송이버섯, 당근, 양파는 채 썰고, 쪽파도 같은 길이로 썰어요. 팽이버섯은 밑동을 잘라 버리고 체에 밭쳐 살짝 먼지 터는 기분으로 씻어요.

팬에 식용유를 두르고 양파, 당근을 넣은 뒤 소금으로 간을 해 볶아요.

당면, 진간장 4숟갈, 설탕, 참기름 2숟갈, 물을 넣고 볶다가 낙지, 새송이버섯, 진간장 2숟갈을 넣고 더 볶아요.

마지막에 팽이버섯, 쪽파, 참기름 1숟갈, 통깨, 후춧가루를 넣고 조금 더 볶아요.

part4

반찬 없어도 좋아~

영양만족 일품요리

주방에 오래 있기 싫은 날, 그런 날 있잖아요?
주방에 있는 대신 그 시간에 다른 일을 하며 충실히 보내고 싶은 날.
성가시지 않게 한 그릇 요리를 만들어 보세요.
잡다한 반찬 없어도 아이는 영양 보충할 수 있어 좋고 엄마는 한갓져서 좋고~.
후루룩 소리마저 군침 돌게 하는 국수,
앙증맞게 생겨 시각적인 즐거움을 주는 주먹밥 등 다양한 밥과 국수요리로
모처럼 아이와 엄마 모두 행복한 식사 시간을 가지세요.

주먹밥

주먹밥은 아이에게 먹이고 싶은 재료를 살짝 숨길 수 있어서 좋고, 앙증맞은 모양 덕분에 맛있게 잘 먹어 줘서 더 좋지요. 이번엔 아이들이 좋아하는 쇠고기랑 새우볶음을 넣어 봤어요. 거기에다 영양 만점 채소들까지 살짝 섞어 주는 센스를 발휘해 보자고요.

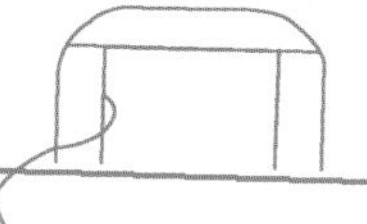

쇠고기주먹밥

재료 준비

밥 2공기, 다진 쇠고기(불고기용) 300g(1컵), 당근 1토막, 표고버섯 1개

쇠고기 밑간 양파 $\frac{1}{4}$개, 다진 마늘 $\frac{1}{2}$숟갈, 진간장 2숟갈, 설탕 $\frac{1}{3}$숟갈, 참기름 1숟갈, 청주 $\frac{1}{2}$숟갈, 후춧가루 조금

표고버섯 · 당근 볶기 식용유 · 소금 조금씩

밥 양념 참기름 2숟갈, 소금 조금, 통깨 $\frac{1}{2}$숟갈

쇠고기를 밑간 해서 팬에 고슬고슬하게 볶아 놓아요.

당근과 표고버섯을 잘게 다진 뒤 팬에 먼저 당근을 볶아 낸 뒤 표고버섯도 볶아 놓아요.

밥에 볶은 재료들과 밥 양념을 넣고 살살 비벼 한입 크기로 동그랗게 뭉쳐요.

새우주먹밥

재료 준비

밥 2공기, 냉동 새우살 $1\frac{1}{2}$컵, 피망 $\frac{1}{2}$개

새우살 헹구기 새우가 잠길 정도의 물, 청주 1숟갈

새우살 · 피망 볶기 식용유 · 소금 · 후춧가루 조금씩

밥 양념 참기름 2숟갈, 소금 조금, 통깨 $\frac{1}{2}$숟갈

새우살을 해동해서 청주 탄 물에 한 번 씻은 뒤 잘게 다져요. 피망도 씨를 빼고 다져요.

팬에 먼저 피망을 볶아 낸 뒤 새우살도 볶아 놓아요.

밥에 볶은 새우살, 피망, 밥 양념을 넣고 살살 비벼 한입 크기로 동그랗게 뭉쳐요.

꼬물댁의 요리 비법!

주먹밥 맛내기 쇠고기는 갈아 놓은 것보다 불고기용을 사서 다져 사용하는 게 맛이 훨씬 좋아요. 주먹밥에 들어가는 재료들은 넓은 팬에 물기 없이 고슬고슬하게 볶아야 좋답니다. 밥도 찰기가 있게 압력솥에 짓거나 찹쌀을 조금 섞으면 훨씬 잘 뭉쳐져요.

유부초밥

유부초밥도 주먹밥처럼 아이들이 싫어하는 재료를 쏙~ 숨길 수 있어서 참 좋아요. 앞에 소개한 새우주먹밥이나 쇠고기주먹밥을 만들어 유부 속을 채워도 좋고 김치를 송송 썰어 넣어도 참 맛있답니다.

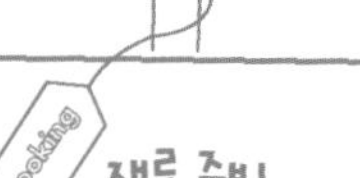

재료 준비

밥 2공기, 유부 10장(20개 분), 시금치 $\frac{1}{2}$줌, 배추김치(손바닥 크기) 3잎

유부 조림장 물 1컵, 진간장 2숟갈, 설탕 1숟갈

시금치 데치기 시금치가 잠길 정도의 물, 왕소금 $\frac{1}{3}$숟갈

시금치 양념 소금 · 참기름 조금씩

밥 양념 소금 $\frac{1}{3}$숟갈, 식초 1숟갈, 참기름 1숟갈, 통깨 1숟갈

유부를 대각선으로 썰어 끓는 물에 데쳐 물기를 뺀 뒤, 조림장에 조려 체에 밭쳐요.

시금치를 여러 번 깨끗이 씻은 뒤, 연한 소금물이 팔팔 끓으면 넣자마자 불을 끄고 잠깐 있다가 꺼내 찬물에 헹궈 물기를 꼭 짜요.

꼬물댁의 요리 비법!

유부 조리기 간장 양념으로 조미해 파는 유부 대신 조미되지 않은 유부를 사야 식품첨가물 걱정을 줄일 수 있어요. 네모난 유부를 대각선으로 썰어 삼각형을 만들고 내용물이 쉽게 들어갈 수 있도록 한 번 속을 벌려준 뒤 조려야 해요. 조리기 전에 물에 살짝 데치면 조금이라도 들어 있는 식품첨가물과 기름기를 뺄 수 있지요. 조린 유부는 꼭 짜지 말고 그냥 체에 밭쳐 두세요. 그래야 양념을 살짝 머금고 있어서 유부초밥이 맛있답니다.

데친 시금치를 잘게 썰어 소금, 참기름으로 무쳐 놓아요.

배추김치를 소를 털고 살짝 짜서 굵게 다져 놓아요.

밥에 시금치, 김치, 밥 양념을 넣고 비벼요.

유부 속에 밥을 넣고 꼭꼭 눌러요. 이때 밥을 너무 많이 넣으면 맛이 덜해요.

꼬마 명란젓김밥

아이 입에 쏙 들어가는 꼬마김밥을 돌돌 말아 보세요. 맨밥으로 싸도 되지만, 이왕이면 몸에 좋은 명란젓으로 양념하면 더 좋겠지요?

cooking 재료 준비

밥 2공기, 김 4장, 다진 명란젓 2숟갈, 다진 쇠고기(불고기용) 100g($\frac{1}{3}$컵), 시금치 1줌, 단무지 8줄

시금치 데치기 시금치가 잠길 정도의 물, 왕소금 $\frac{1}{2}$숟갈

시금치 양념 소금 $\frac{1}{3}$숟갈, 참기름 $\frac{1}{2}$숟갈

쇠고기 밑간 청주 $\frac{1}{2}$숟갈, 진간장 1숟갈, 설탕 $\frac{1}{3}$숟갈, 다진 마늘 $\frac{1}{3}$숟갈, 참기름 1숟갈, 후춧가루 조금

밥 양념 식초 2숟갈, 설탕 $\frac{1}{3}$숟갈, 참기름 1숟갈, 통깨 $\frac{1}{2}$숟갈

꼬물댁의 요리 비법!

김밥 맛내기 김을 살짝 구워서 싸야 비린 맛이 없어요. 쌀 때 거친 면이 안으로 가게 하시고요. 김밥을 말고나서 잠시 두었다가 썰어야 모양이 흐트러지지 않아요.

1 시금치를 깨끗이 씻어 살짝 데쳐 물기를 꼭 짠 뒤 분량의 양념으로 조물조물 무쳐요.

2 쇠고기를 밑간 해서 팬에 고슬고슬하게 볶아요.

3 밥에 곱게 다진 명란젓과 밥 양념을 넣고 살살 비벼요.

4 김을 반 잘라 구워 김발에 놓고 양념한 밥을 김의 반 정도 깔고 쇠고기, 시금치, 단무지 순으로 올려 꼭꼭 싸요.

김치쌈밥

잘 익은 배추김치에 새콤달콤하게
양념한 밥을 얹고 돌돌 만 김치쌈밥~.
갖가지 영양소가 들어 있는 뿌리채소
우엉을 살짝 숨겨 주세요.

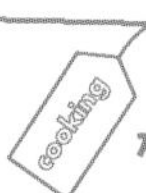

재료 준비

밥 2공기, 다진 우엉 $\frac{1}{2}$컵, 배추김치(손바닥크기) 8잎 정도

우엉 우리기 우엉이 잠길 정도의 물, 식초 1숟갈

우엉 양념 진간장 1숟갈, 설탕 $\frac{1}{3}$숟갈, 식용유 1숟갈

밥 양념 식초 2숟갈, 소금 $\frac{1}{2}$숟갈, 설탕 $\frac{1}{2}$숟갈, 참기름 1숟갈, 통깨 1숟갈

꼬물댁의 요리 비법!

김치쌈밥 맛내기 배추김치는 넓은 잎을 이용하세요. 잎이 작으면 두 개를 겹쳐서 싸세요. 우엉은 껍질째 있는 것을 사는 게 안전하고 맛도 좋지요. 필러로 껍질을 벗겨서 식초물에 잠깐 담가 두면 색도 변하지 않고 검은 물도 빠지지요.

우엉을 껍질을 벗겨 편으로 썰어 식초물에 5분 정도 담갔다가 다져 양념을 넣고 약한 불에서 볶아요.

식초에 소금, 설탕을 섞어 한 김 나간 밥에 붓고 참기름, 통깨, 볶은 우엉을 넣어 살살 비벼요.

배추김치를 소를 털어서 생수에 흔들어 헹군 뒤 꼭 짜서 준비해요.

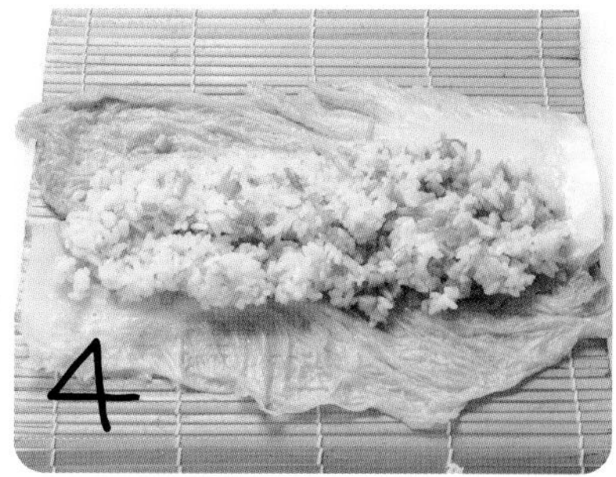

김발에 배추김치를 넓게 펼치고 밥을 얹어 김밥 말듯이 돌돌 말아 먹기 좋게 썰어요.

순두부국밥

따끈한 순두부에 밥을 훌훌 말아 맛있는 양념장을 얹어 먹는 순두부국밥~. 영양 많은 순두부에 바지락까지 곁들이면 한 끼 식사로 손색이 없답니다.

재료 준비

밥 2공기, 순두부 1봉지(400g), 까나리 액젓 1숟갈, 부추 조금

국물 바지락조개 $\frac{2}{3}$컵, 국물용 멸치 10마리, 다시마 $\frac{1}{2}$장, 물 3컵

바지락 해감 빼기 조개가 잠길 정도의 물, 왕소금 $\frac{1}{2}$숟갈

양념장 쪽파 2뿌리, 다진 마늘 $\frac{1}{2}$숟갈, 진간장 2숟갈, 국간장 1숟갈, 설탕 $\frac{1}{2}$숟갈, 참기름 $\frac{1}{2}$숟갈, 통깨 조금

바지락을 연한 소금물에 1시간 이상 담가 해감을 뺀 뒤, 체에 밭쳐 물에 한 번 헹궈요.

물에 멸치, 다시마를 넣고 팔팔 끓이다가 국물이 우러나면 건더기를 건져 버려요.

꼬물댁의 요리 비법!

순두부국밥 맛내기 해감 뺀 바지락을 사면 편해요. 아니면 바지락 살만 사다가 해도 되고요. 뚝배기가 있으면 뚝배기에 끓이는 것이 훨씬 보기도 좋고 맛도 좋지요.

토렴은 국밥을 만들 때 미리 그릇이나 뚝배기에 밥을 담고 뜨끈한 국물을 부어 국자로 살살 만 뒤 다시 국물을 따라내는 과정을 말해요. 토렴을 하면 밥이 덩어리지지 않고 데워져서 훨씬 따끈한 국밥을 먹을 수 있답니다. 부추는 없으면 넣지 않아도 괜찮아요. 굳이 한 묶음이나 살 필요는 없으니까요. 어른용으로는 얼큰하게 고추기름을 내서 넣거나 청양고추를 썰어 넣어도 맛있어요.

국물에 바지락을 넣어 입이 딱 벌어지면 불을 끄고 조개살을 떼어 내서 살살 흔들어 건져 놓고 껍데기를 버려요.

국물을 다른 냄비에 가만히 붓고 가라앉은 찌꺼기는 버려요.

국물을 불에 올리고 순두부를 숟가락으로 큼직하게 떠 넣어 한소끔 끓이면서 까나리액젓으로 간을 해요. 적당히 썬 부추를 넣고요.

그릇에 밥을 담고 국물을 떠 넣어 토렴을 한 뒤, 다시 순두부국을 듬뿍 떠 담고 송송 썬 쪽파를 넣은 양념장을 얹어 먹으면 되지요.

날치알 비빔밥

톡톡 터지는 날치알은 단백질과 미네랄이 풍부한 영양 식품이에요. 뚝배기에 알밥을 해도 좋고 간편하게 비빔밥을 하면 아이들이 참 잘 먹는답니다.

재료 준비

밥 2공기, 날치알 1봉지(150g), 애느타리버섯 1줌, 햄 1토막, 배추김치(손바닥 크기) 3잎, 무순 1줌, 소금 $\frac{1}{3}$숟갈, 식용유 적당량

날치알 헹구기 물 2컵, 식초 1숟갈

밥 양념 참기름 2숟갈, 통깨 조금

날치알을 고운 체에 밭쳐 식초물에 흔들어 살짝 헹군 뒤 물기를 쏙 빼요. 무순도 체에 밭쳐 살짝 헹궈 물기를 쏙 빼요.

버섯을 소금에 살짝 절여 물기를 꼭 짠 뒤, 잘게 썰어 식용유 두른 팬에 달달 볶아요.

햄은 잘게 썰어 마른 팬에 볶고, 배추김치는 소를 털고 잘게 썰어 물기를 살짝 짜 놓아요.

밥에 버섯, 햄, 김치, 참기름, 통깨를 넣고 섞은 뒤 날치알, 무순을 넣고 살살 비벼 그릇에 담아요.

꼬물댁의 요리 비법!

날치알비빔밥 맛내기 날치알이나 김치에 물기가 있으면 비빔밥이 질척거리니까 물기를 쏙 빼는 것이 중요해요. 햄과 김치에 간이 있어서 소금 간을 따로 안 해도 되지만 혹시 싱거우면 밥에 간을 하세요. 햄은 발색제 같은 식품첨가물이 없는 유기농 매장 제품이 좋겠죠.

된장국수

구수한 된장을 풀어 끓인 된장국수.
자극적이지 않아 좋아요. 배추를 넣어
시원한 국물 맛이 그만이에요.
비오는 날 아이와 함께 끓여 먹으면
후루룩~ 소리까지 맛있어요.

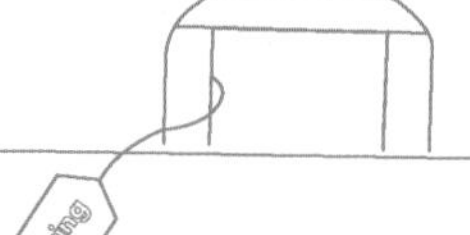

재료 준비

젖은 칼국수 2인분, 애배추 3~4잎(또는 봄동 1줌), 호박 1토막, 대파 조금, 다진 마늘 $\frac{1}{2}$숟갈, 된장 1$\frac{1}{2}$숟갈, 까나리액젓 적당량

국물 국물용 멸치 15마리, 다시마 1장, 물 8컵

호박은 굵게 채 썰고, 대파는 어슷하게 썰어요. 애배추는 너무 큰 것은 반으로 잘라요.

물에 멸치, 다시마를 넣고 팔팔 끓인 뒤 건더기를 건져 버리고 된장을 풀어 넣어요.

꼬물댁의 요리 비법!

된장국수 맛내기 봄철엔 애배추 대신 봄동으로 만들면 모양이 훨씬 예뻐요. 어른용으로는 청양고추를 넣으면 칼칼한 맛이 좋고요. 젖은 칼국수는 겉에 묻어 있는 밀가루를 물에 헹궈서 삶아야 국물이 깔끔하답니다.

칼국수를 체에 밭쳐 물에 한 번 헹군 뒤 국물에 넣어 삶아요.

국수가 거의 익으면 채소들을 넣고 끓여요. 다진 마늘도 넣고 액젓으로 간을 맞추어요.

쇠고기 비빔국수

김치를 송송 썰어 매콤한 비빔국수를 할 때마다 매운 걸 잘 못 먹는 꼬물이가 먹을 게 없더라고요. 그때 생각한 것이 바로 요 쇠고기비빔국수랍니다.

재료 준비

마른 소면 2인분, 쇠고기(불고기용) 60g, 당근 1토막, 호박 1토막, 표고버섯 1개, 진간장 1숟갈, 참기름 2숟갈, 통깨 1숟갈

쇠고기 밑간 진간장 $\frac{1}{2}$숟갈, 다진 마늘 $\frac{1}{3}$숟갈, 청주 $\frac{1}{3}$숟갈, 참기름 $\frac{1}{2}$숟갈, 후춧가루 조금

채소 볶기 소금 · 식용유 조금씩

꼬물댁의 요리 비법!

소면 삶기 마른 소면을 삶을 때 서로 붙지 않고 고루 익히려면 국수가 푹 잠길 정도로 물을 넉넉히 붓고 끓여야 해요. 부르르~ 하고 끓어 넘칠 때마다 두어 번 정도 찬물을 조금씩 부어 주고 다 삶은 후 찬물에 얼른 주물러 헹궈 물기를 쏙 빼면 쫄깃한 면발을 맛볼 수 있지요.

쇠고기를 가늘게 채 썰어 밑간을 한 뒤 가닥가닥 풀어 볶아요.

당근, 호박, 표고버섯을 채 썰어 각각 소금 간을 조금씩 해서 식용유 두른 팬에 볶아요.

국수를 삶아 찬물에 얼른 헹군 뒤 마지막에 뜨거운 물로 한 번 더 헹궈 따뜻하게 해요.

그릇에 국수를 담고 준비한 재료와 진간장, 참기름, 통깨를 넣어 살살 비벼 내면 되지요.

쇠고기 볶음국수

볶음국수를 할 때는 면발이 서로 붙지 않게 볶는 것이 중요해요. 초보 주부가 하기에는 젖은 국수로 하는 것보다 스파게티 면을 이용하는 게 실패 확률이 적어요.

재료 준비

스파게티 면 2인분, 쇠고기(불고기용) 150g, 당근 1토막, 숙주나물 2줌, 시금치 1줌, 식용유 2숟갈, 대파(흰 부분) 조금, 다진 마늘 1숟갈, 까나리액젓 2숟갈, 설탕 ½숟갈, 참기름 ½숟갈, 통깨 조금

쇠고기 밑간 청주 1숟갈, 소금 ½숟갈, 참기름 1숟갈, 후춧가루 조금

스파게티 면 삶기 국수 3배 정도의 물, 왕소금 ⅓숟갈

꼬물댁의 요리 비법!

쇠고기볶음국수 맛내기 시금치 대신 청경채, 쇠고기 대신 새우나 조개 같은 해물을 넣어도 맛있어요. 꼬물댁은 동남아풍으로 숙주나물도 넣고 액젓으로 간을 맞췄는데, 진간장으로 간을 해도 좋아요.

1 쇠고기를 굵게 채 썰어 밑간을 해 놓아요.

2 당근은 껍질을 벗겨 채 썰고, 대파도 채 썰어요. 숙주나물과 시금치는 각각 여러 번 깨끗이 헹궈 물기를 쏙 빼요.

3 팔팔 끓는 물에 소금을 넣고 스파게티 면을 약 8분 정도 삶아 체에 건져 놓아요.

4 팬에 식용유, 대파, 다진 마늘을 볶다가 당근, 쇠고기를 넣어요. 고기가 거의 익으면 국수, 숙주나물, 시금치를 넣어 볶다가 액젓, 설탕으로 간하고 참기름, 통깨로 마무리해요.

쇠고기 버섯칼국수

칼국수는 넣는 재료에 따라 다양하게 만들 수 있지요. 어묵을 넣으면 어묵칼국수, 김치를 넣으면 김치칼국수, 굴을 넣으면 굴칼국수, 낙지를 넣으면 낙지칼국수~. 이번엔 따끈한 쇠고기버섯 칼국수를 준비해 봤어요. 고추장을 풀어 얼큰하게 끓여도 별미지요.

재료 준비

젖은 칼국수 2인분, 쇠고기(불고기용) 120g, 표고버섯(큰 것) 2개, 부추 $\frac{1}{4}$줌, 소금 적당량

국물 다시마 2장, 표고버섯 밑동 2개, 물 8컵

쇠고기 밑간 다진 마늘 $\frac{1}{3}$숟갈, 진간장 $\frac{1}{2}$숟갈, 참기름 1숟갈, 후춧가루 조금

표고버섯 볶기 참기름 $\frac{1}{2}$숟갈, 소금 조금

분량의 물에 다시마, 표고버섯 밑동을 넣고 팔팔 끓여 국물을 우린 뒤 건더기를 건져요.

쇠고기를 가늘게 채 썰어 밑간을 해 놓아요.

꼬들댁의 요리 비법!

쇠고기버섯칼국수 맛내기 쇠고기는 너무 두껍지 않게 썰어야 좋아요. 표고버섯 밑동은 미리 떼어 내어 국물 우릴 때 넣으면 되고요. 얼큰한 쇠고기버섯칼국수를 끓이려면 국물에 멸치를 더 넣어 국물을 진하게 우리고 고추장과 까나리액젓으로 간을 하면 맛있어요. 쇠고기와 버섯도 미리 볶지 말고 그냥 국물에 넣어 끓이세요.

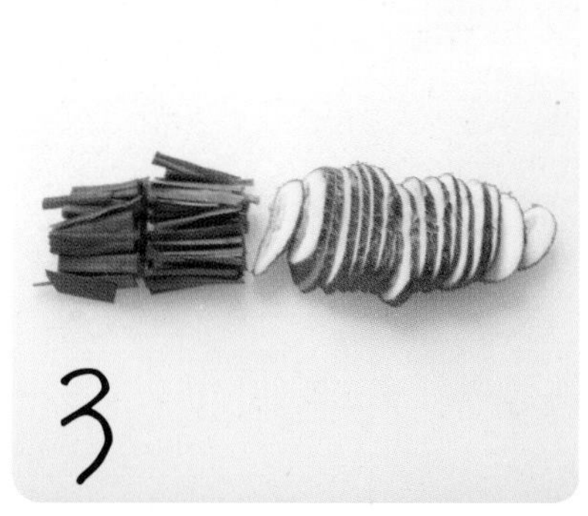

표고버섯은 모양을 살려 얇게 썰고, 부추는 3cm 정도로 썰어 놓아요.

팬에 쇠고기를 볶아서 그릇에 담아 놓고, 그 팬에 표고버섯도 볶아 놓아요.

칼국수를 겉에 묻은 밀가루를 물에 살짝 헹군 후 팔팔 끓는 국물에 넣고 삶아요.

국수가 거의 익으면 쇠고기, 표고버섯, 부추를 넣고 소금 간을 한 뒤 한소끔 끓여요.

브로콜리 수제비

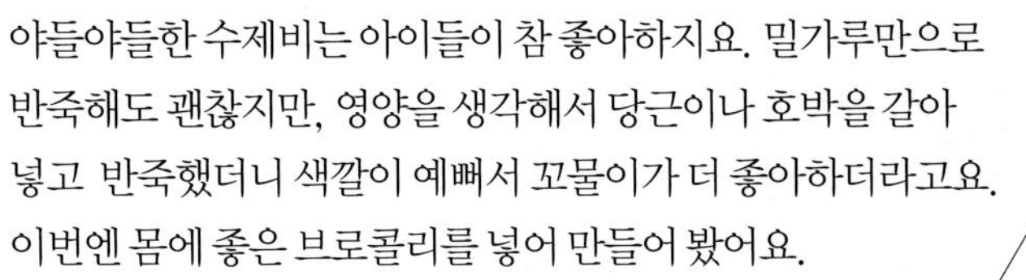

야들야들한 수제비는 아이들이 참 좋아하지요. 밀가루만으로 반죽해도 괜찮지만, 영양을 생각해서 당근이나 호박을 갈아 넣고 반죽했더니 색깔이 예뻐서 꼬물이가 더 좋아하더라고요. 이번엔 몸에 좋은 브로콜리를 넣어 만들어 봤어요.

재료 준비

애호박 1토막, 당근 1토막, 애느타리버섯 $\frac{1}{2}$줌, 대파 조금, 다진 마늘 $\frac{1}{2}$숟갈, 까나리액젓 1$\frac{1}{2}$숟갈, 소금 적당량

반죽 브로콜리 3줄기 정도(80g), 물 $\frac{1}{4}$컵, 밀가루 1$\frac{1}{2}$컵, 소금 $\frac{1}{4}$숟갈

국물 국물용 멸치 15마리, 다시마 1장, 물 6컵

믹서에 브로콜리와 물 $\frac{1}{4}$컵을 넣고 갈아요.

밀가루에 갈아 놓은 브로콜리를 붓고 소금을 넣어 여러 번 치대어 부드럽게 반죽해요.

꼬물댁의 요리 비법!

부드럽게 반죽하기 밀가루 반죽을 손에 안 묻히고 요리하는 방법을 알려 드릴까요? 반죽할 때 시간 여유가 있다면 밀가루에 물을 붓고 숟가락으로 대강 섞어 뭉친 후 젖은 면 보자기에 싸서 냉장고에 30분 정도 두어요. 꺼내서 손으로 치대면 밀가루 반죽이 손에 엉겨 붙지 않고 더 부드럽지요.

꼬물댁은 평소 우리밀가루를 사용해요. 수입 밀로 만든 밀가루는 방부제 때문에 좀 염려스럽거든요. 껍질을 덜 벗긴 통밀가루는 조금 덜 쫄깃하지만 영양 면에서는 더 좋답니다.

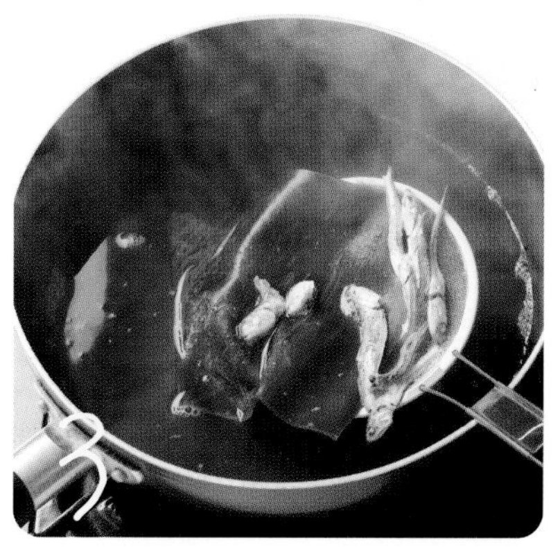

국물을 팔팔 끓이고 나서 건더기를 건져 버려요.

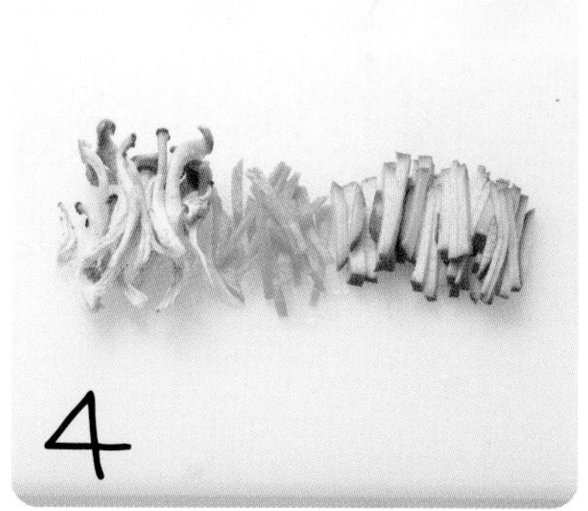

호박과 당근은 채 썰고, 버섯은 먼지 터는 기분으로 물에 살짝 씻어 가늘게 찢어 놓아요.

팔팔 끓는 국물에 반죽을 얇게 떼어 넣어요.

호박, 당근, 버섯을 넣은 뒤 대파, 마늘을 넣고 액젓과 소금으로 간을 맞춰요.

part5

과자를 달고 사는 우리 아이를 위한

엄마표 건강간식

아이들은 위가 작아서 하루 세 끼 식사만으로는
필요한 영양분을 모두 섭취할 수 없다고 해요.
조금씩 자주 먹는 것이 좋고 그래서 간식도 필요하지요.
간식 하면 간단히 스낵이나 쿠키를 사 주는 정도로 쉽게 생각하지만
조금만 신경 쓰면 그리 번거롭지 않으면서
영양까지 챙길 수 있는 간식을 얼마든지 만들 수 있어요.

단호박 치즈떡볶이

떡볶이는 아이들 간식의 스테디셀러 아니겠어요? 떡볶이는 넣는 재료에 따라 종류가 아주 다양하지요. 단호박은 달달하고 맛이 고소해서 고추장의 매운 맛을 줄여 줄 뿐 아니라 영양까지 높여 준답니다.

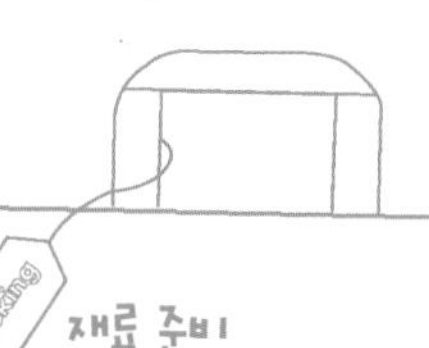

재료 준비

떡볶이 떡 2줌(300g), 단호박(큰 것) 1개, 오징어 1마리, 모차렐라 치즈 $\frac{2}{3}$컵, 파슬리가루 조금, 소금 적당량, 물 $\frac{1}{3}$컵
양념 고추장 1숟갈, 진간장 1숟갈, 고춧가루 1숟갈, 설탕 $\frac{1}{2}$숟갈, 다진 마늘 $\frac{1}{2}$숟갈, 양파 $\frac{1}{2}$개, 대파 조금, 참기름 1숟갈, 후춧가루 조금

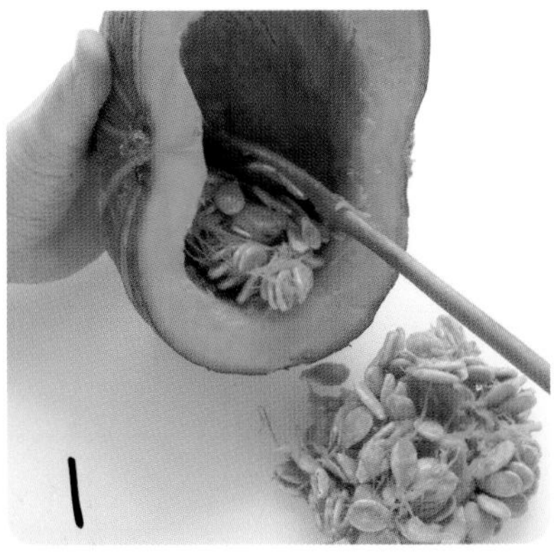

단호박을 껍질째 깨끗이 씻어 김 오른 찜통에 5분 정도 찐 뒤, 반 갈라 씨를 깨끗이 파내고 다시 찜통에 넣어 20분 정도 부드럽게 쪄요.

그동안 떡볶이 떡을 말랑하게 만들어 물에 살짝 헹군 뒤 한입 크기로 썰어요.

꼬둘댁의 요리 비법!

단호박 쉽게 조리하기 요즘 많이 하는, 단호박을 통째로 윗부분만 도려내고 속을 파서 하는 방법은 별로 권하고 싶지 않아요. 초보 주부는 속을 파는 것도, 속을 채우는 것도, 적당히 구워 내는 것도 만만치 않거든요. 그보다 단호박을 미리 쪄서 반을 갈라 조리하는 것이 훨씬 쉬운 것 같아요.
단호박은 크기에 따라 찌는 시간이 조금씩 다르지만 보통 20~30분 정도 찌면 적당해요. 젓가락으로 찔러 봐서 부드럽게 쑥 들어가면 다 쪄진 거예요.

오징어는 깨끗이 손질해서 너무 굵지 않게 썰고요.

양파는 채 썰고 대파는 어슷하게 썰어, 분량의 양념으로 떡과 오징어를 무쳐요.

팬에 오징어가 살짝 익을 정도로만 볶아요. 이때 너무 빡빡하지 않게 물을 넣어 볶다가 싱거우면 소금으로 간을 맞춰요.

찐 단호박에 ⑤를 담은 뒤 모차렐라 치즈를 듬뿍 얹고 파슬리가루를 뿌려요. 200℃의 오븐에서 10분 정도 구우면 되지요.

쇠고기떡볶이

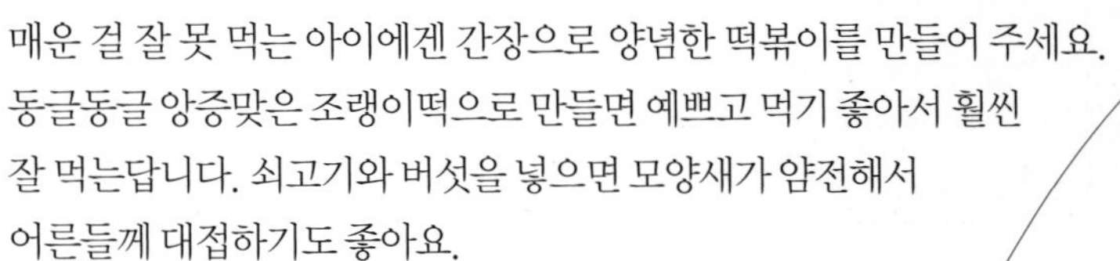

매운 걸 잘 못 먹는 아이에겐 간장으로 양념한 떡볶이를 만들어 주세요. 동글동글 앙증맞은 조랭이떡으로 만들면 예쁘고 먹기 좋아서 훨씬 잘 먹는답니다. 쇠고기와 버섯을 넣으면 모양새가 얌전해서 어른들께 대접하기도 좋아요.

재료 준비

조랭이떡 3컵, 쇠고기(불고기용) 200g, 표고버섯 3개, 양파 $\frac{1}{2}$개, 당근 1토막, 쪽파 2뿌리, 물 1컵

쇠고기 밑간 청주 $\frac{1}{2}$숟갈, 다진 마늘 $\frac{1}{2}$숟갈, 진간장 1숟갈, 설탕 $\frac{1}{3}$숟갈, 참기름 1숟갈, 후춧가루 조금

양념 진간장 2숟갈, 설탕 $\frac{1}{2}$숟갈, 참기름 1숟갈, 통깨 · 후춧가루 조금씩

1 쇠고기를 채 썰어 밑간을 해 놓아요.

2 조랭이떡은 말랑한 상태로 만들어 물에 살짝 헹궈 놓아요.

꼬물댁의 요리 비법!

다른 재료 활용하기 조랭이떡 대신 떡볶이 떡이나 떡국 떡으로 만들어도 괜찮아요. 아니면 떡볶이 떡을 작게 썰어서 사용해도 좋고요. 재료에 너무 구애받지 말고 냉장고에 있는 재료들을 이용해 다양하게 만들어 보세요. 어묵을 넣거나 다른 버섯을 넣어도 맛있답니다.

3 버섯, 양파, 당근은 모두 채 썰고, 쪽파는 3cm 정도로 썰어요.

4 팬에 쇠고기와 양파를 먼저 볶아요.

5 쇠고기가 거의 익으면 떡, 버섯, 당근을 넣고 양념을 해요.

6 물을 붓고 물기가 자작하게 졸아들 때까지 뒤적거리며 볶다가 마지막에 쪽파를 넣어요.

미니떡꼬치

떡꼬치에는 보통 토마토케첩이나 다른 인스턴트 소스를 많이 바르는데, 아이의 건강을 생각한다면 이런 소스는 멀리하는 게 좋겠지요. 달콤한 사과 간장 소스를 이용해 보는 건 어떨까요?

재료 준비

떡볶이 떡 3줌, 식용유 적당량

양념장 사과 $\frac{1}{2}$개, 진간장 1$\frac{1}{2}$숟갈, 조청 1$\frac{1}{2}$숟갈, 참기름 1숟갈, 물 4숟갈, 계피가루 조금

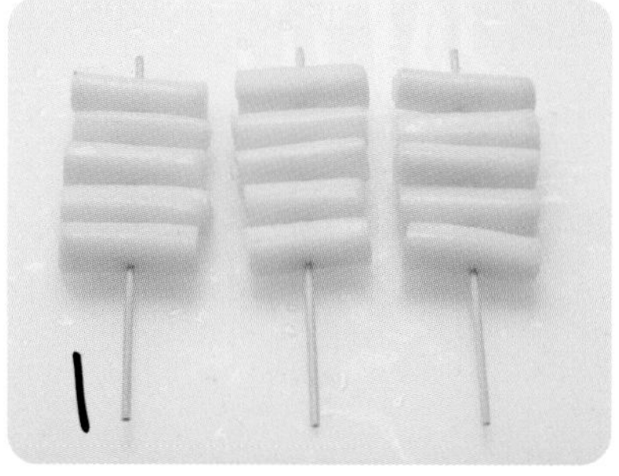

떡을 말랑하게 만들어 물에 살짝 헹궈 물기를 뺀 뒤 작게 썰어 꼬치에 꿰어요.

사과를 곱게 다져 분량의 양념을 섞어 놓아요.

꼬물댁의 요리 비법!

미니떡꼬치 맛내기 양념장을 바르기 전, 떡을 초벌구이할 때 바삭하고 노릇하게 구워야 나중에 훨씬 맛있어요. 떡을 꼬치에 꿸 때는 꼬치에 물을 묻히면서 꿰어야 떡이 찐득하게 들러붙지 않고 쏙쏙 잘 들어간답니다.

식용유를 두른 팬에 떡꼬치를 노릇하게 구워요.

떡이 바삭하게 구워지면 양념장을 앞뒤로 발라 가며 더 구워요.

닭다리구이

오븐에 구운 통닭은 맛도 있고 보기도 즐겁지만, 굽는 시간이 많이 걸리고 오븐 청소도 만만치 않지요. 맛있는 닭다리로 팬을 이용해 통닭 맛을 내 봤어요.

재료 준비

닭다리 5개(500g)

닭다리 밑간 청주 1숟갈, 올리브유 1숟갈, 소금 $\frac{1}{2}$숟갈, 설탕 $\frac{1}{2}$숟갈, 진간장 2숟갈, 조청 1숟갈, 다진 마늘 $\frac{1}{2}$숟갈, 양파즙 $\frac{1}{4}$개분, 생강즙 $\frac{1}{3}$숟갈분, 후춧가루 조금

꼬숑댁의 요리 비법!

닭다리구이 맛내기 밑간 할 때 보통 청주를 넣는데, 마시다 남은 화이트 와인이 있으면 훨씬 더 좋아요. 기름도 올리브유가 특유의 향미가 있어 가장 좋지만, 포도씨유나 일반 식용유를 써도 괜찮고요. 양면 팬에 구워야 제일 맛있지만, 없으면 뚜껑 달린 팬에 구워도 된답니다.

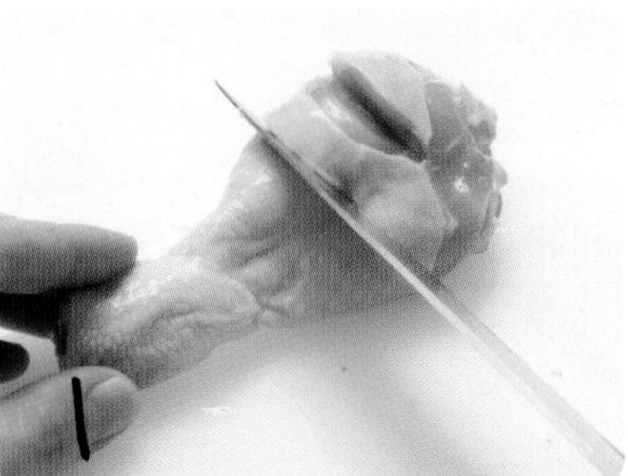

1 닭다리를 물에 한 번 씻어 노란 지방을 가위로 자르고 칼집을 내요.

2 양파와 생강을 다져서 손으로 꼭 짜 즙을 낸 것과 분량의 양념을 섞어 닭다리를 밑간 해서 5~6시간 재워 둬요.

3 양면 팬에 닭다리를 놓고 약한 불로 노릇하게 구워요.

바게트 샌드위치

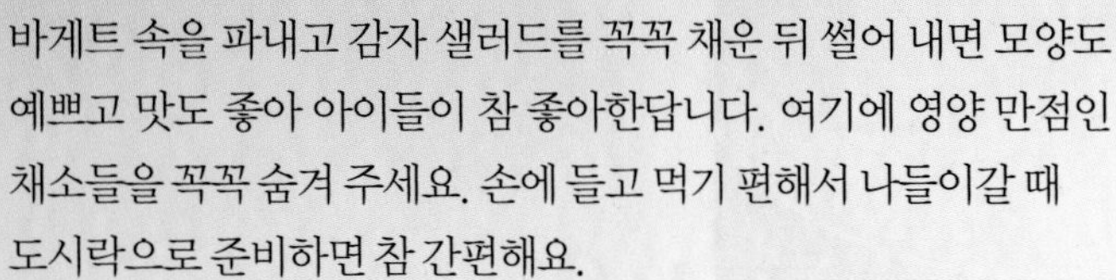

바게트 속을 파내고 감자 샐러드를 꼭꼭 채운 뒤 썰어 내면 모양도 예쁘고 맛도 좋아 아이들이 참 좋아한답니다. 여기에 영양 만점인 채소들을 꼭꼭 숨겨 주세요. 손에 들고 먹기 편해서 나들이갈 때 도시락으로 준비하면 참 간편해요.

재료 준비

바게트 1개, 감자 2개, 양파 ¼개, 브로콜리 2줄기(50g 정도), 햄 2토막(100g 정도), 플레인 요구르트 6숟갈, 소금 조금
감자 · 브로콜리 삶기 재료가 잠길 정도의 물, 왕소금 ½숟갈
양파 볶기 식용유 1숟갈, 소금 · 후춧가루 조금씩

껍질 벗긴 감자를 적당히 썰어 브로콜리와 함께 삶다가 중간에 브로콜리를 꺼내요.

감자를 젓가락으로 찔러 봐서 부드럽게 쑥 들어가면 물을 따라내고 물기가 없어질 때까지 포슬포슬하게 볶아요.

꼬물댁의 요리 비법!

바게트 속 긁어내기 속을 긁어낼 때 긴 과도나 기다란 냉커피용 숟가락을 사용하면 편해요. 바게트는 성글기 때문에 속을 긁어내도 빵이 별로 많이 나오지 않아요. 그냥 먹어도 부담 없는 양이니 버리지 말고 꼭 드세요.
샌드위치를 금방 먹지 않을 경우엔 비닐 랩으로 꽁꽁 싸서 냉장고에 두었다가 먹을 때마다 썰어 먹으면 좋아요. 이틀 정도는 냉장고에 두어도 맛이 변하지 않으니까 나들이갈 때 전날 만들어 두었다가 아침에 썰어서 도시락을 싸도 된답니다.

삶은 브로콜리와 양파, 햄을 곱게 다져 놓고, 팬에 양파를 볶다가 투명하게 익으면 햄을 넣어 살짝 볶아 내요.

감자를 곱게 으깬 뒤 나머지 재료를 모두 넣고 부드러워지도록 잠시 치대요. 간을 봐서 싱거우면 소금을 조금 넣고요.

바게트를 반으로 잘라 속을 긁어내요.

바게트에 ④를 꼭꼭 집어넣고 비닐 랩으로 싸서 30분 정도 두었다가 썰어요.

그라탱은 넣는 재료에 따라 정말 다양하게 만들 수 있는 간식이지요. 감자를 으깨 넣으면 감자그라탱, 고구마를 이용하면 고구마그라탱~. 이번엔 부드럽고 달콤한 단호박과 머리가 좋아지는 호두와 잣을 듬뿍 넣은 영양 만점 단호박그라탱을 만들어 볼까요?

단호박그라탱

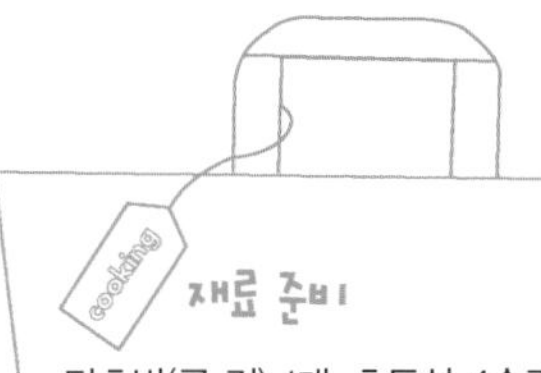

단호박(큰 것) 1개, 호두살 4숟갈, 잣 1숟갈, 우유 6숟갈, 모차렐라 치즈 적당량, 식용유 조금

단호박을 물에 한 번 씻어 찜통에 5분 정도 찐 뒤 찬물로 살짝 식혀요. 4등분해서 속의 씨를 긁어내고 껍질을 벗겨 다시 푹 쪄요.

찐 단호박을 포크나 으깨는 도구로 곱게 으깨고, 호두는 손으로 대충 조각을 내요.

꼬물댁의 요리 비법!

그라탱 맛내기 단호박을 으깨어 우유를 섞을 때 농도는 흔히 먹는 매시드포테이토 정도면 알맞아요. 우유의 양은 단호박 크기에 따라 조절하시고요.
단호박 대신 130쪽 바게트샌드위치의 소를 이용하면 감자그라탱을 만들 수 있어요. 또 찐 고구마를 이용해도 맛있답니다.

단호박, 호두, 잣, 우유를 잘 섞어요.

오븐용 그릇에 식용유를 고루 얇게 펴 바른 뒤 ③을 담고 치즈를 빼곡하게 얹어 200℃의 오븐에서 10분 정도 노릇하게 구워요.

꼬물댁의 하나 더!

만두그라탱

재료 군만두 5개, 식용유 조금, 파스타 소스 3~4숟갈, 모차렐라 치즈 적당량

만들기

1 팬에 식용유를 두르고 군만두를 노릇하게 지져 내어 기름기를 빼요.
2 그라탱 그릇에 기름기 뺀 군만두를 담고 파스타 소스를 얹은 뒤 그 위에 모차렐라 치즈를 빼곡하게 뿌려요.
3 약 200℃의 오븐에 넣어 치즈가 노릇해지도록 구워 내면 되지요.

TIP 만두와 파스타 소스는 식품첨가물이 없는 걸 이용하세요. 꼬물댁이 주로 사용하는 만두와 파스타 소스는 친환경 제품이랍니다. 아니면 집에서 직접 만든 파스타 소스를 이용하면 좋아요(파스타 소스 만들기는 44쪽 미트소스스파게티를 보시면 있어요). 옥수수 알갱이나 양송이버섯, 피망 등 어울릴 만한 부재료를 더 넣어도 좋겠죠?

애플파이

패스트푸드점에서 사 먹는 애플파이를 집에서 직접 만들어 주세요. 구하기 쉬운 만두피를 이용하면 아주 간단하게 만들 수 있어요.

재료 준비

사과 1개, 설탕 2숟갈, 계피가루 조금, 찹쌀 왕만두피 5개 정도, 식용유 적당량

녹말물 감자가루 $\frac{1}{3}$숟갈, 물 2숟갈

1 껍질 벗긴 사과를 굵게 다져서 설탕을 고루 섞어 약한 불에서 뚜껑을 덮고 조려요.

2 20분쯤 뒤 사과가 투명해지고 물기가 거의 없어지면 녹말물을 넣고 계피가루를 넣어 뒤적거리면서 조금 더 조려요.

꼬물댁의 요리 비법!

애플파이 맛내기 튀김 기름은 많이 필요하지 않아요. 튀기지 않고 기름에 노릇하게 구워도 괜찮거든요. 만두피의 이음새는 물을 살짝 발라 틈이 없도록 잘 붙여야 튀긴 다음에 벌어지지 않고 모양이 예쁘답니다.

3 만두피에 조린 사과를 올리고 모양을 만들어요.

4 노릇하게 튀겨 내면 완성이에요.

사과조림

사과가 많이 있다면 마르거나 상하기 전에 조림을 해 두세요. 아이 간식으로도 좋고 손님상차림에 후식으로 내놓아도 그만이에요.

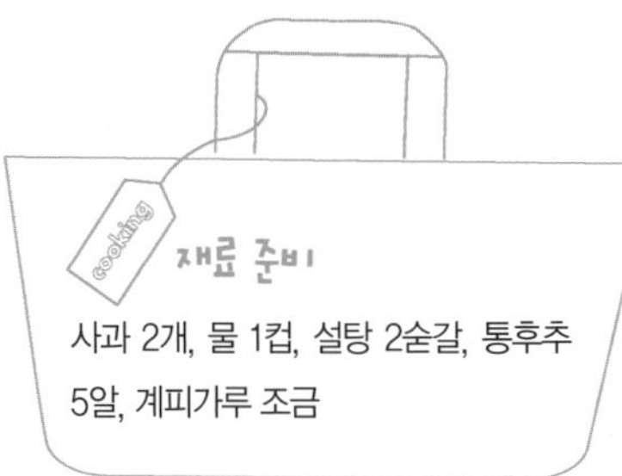

재료 준비

사과 2개, 물 1컵, 설탕 2숟갈, 통후추 5알, 계피가루 조금

1 사과를 껍질을 벗긴 뒤 도톰하고 납작하게 썰어요.

2 냄비에 사과를 담고 물, 설탕, 계피가루를 섞어 부은 뒤 통후추를 넣어 끓여요.

3 한 번 부르르 끓으면 불을 약하게 줄이고 뚜껑을 덮어 20분 정도 끓여요.

4 통후추는 건져 버리고 밀폐용기에 담아 냉장고에 넣어 두고 차게 식혀 먹어요.

꼬물댁의 요리 비법!

사과조림 맛내기 싱싱하고 맛있는 사과로 만들면 훨씬 맛있어요. 오래 두어서 맛이 덜한 사과는 설탕을 조금 더 넣으세요. 너무 많이 익히면 물러지니까 말갛게 변하면서 말캉말캉하게 될 때까지만 끓이세요.

집에서 만든 아이스크림

아이들이 참 좋아하는 아이스크림에는 식품첨가물이 많이 들어 있어서 걱정이 되지요. 집에서 엄마가 만들어 주면 맘 푹 놓아도 되겠죠?

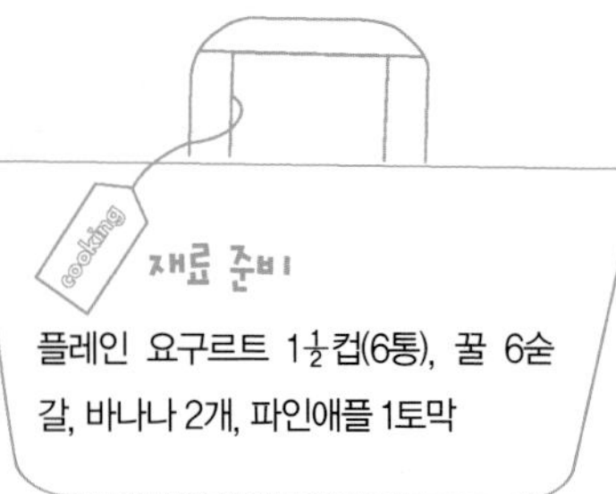

재료 준비

플레인 요구르트 $1\frac{1}{2}$컵(6통), 꿀 6숟갈, 바나나 2개, 파인애플 1토막

1 바나나와 파인애플을 적당한 크기로 썰어요.

2 플레인 요구르트, 꿀, 과일을 믹서에 넣고 갈아요.

꼬꼬댁의 요리 비법!

아이스크림 부드럽게 얼리기 중간 중간 포크로 휘젓는 과정을 생략하면 단단한 얼음같이 돼 버린답니다. 이 과정을 많이 하면 할수록 부드러운 아이스크림이 되지요. 과일은 신맛보다 단맛이 강한 것을 넣어야 훨씬 맛있어요. 특히 바나나는 얼더라도 질감이 부드럽기 때문에 적극 추천해요.

3 ②를 그릇에 담아 냉동실에 넣고 8시간 정도 얼려요.

4 2시간 정도 간격으로 꺼내서 포크로 고루 휘저어 다시 얼려요.

튀기지 않은 맛탕

맛탕은 한 번 하고 나면 여기저기 튄 기름 하며 설거지거리가 만만치 않지요. 하지만 이제 걱정 마세요. 간단한 방법을 알려 드릴게요.

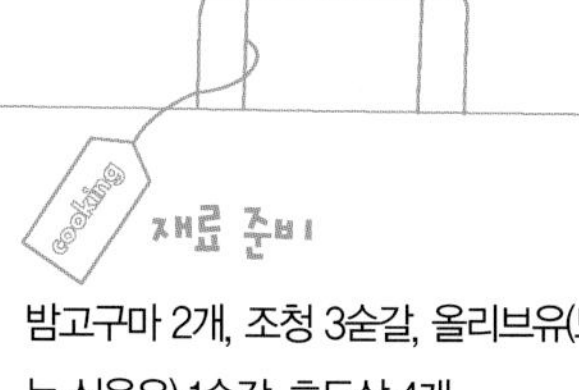

재료 준비

밤고구마 2개, 조청 3숟갈, 올리브유(또는 식용유) 1숟갈, 호두살 4개

1 껍질 벗긴 고구마를 먹기 좋게 썰어 조청, 올리브유를 넣고 잘 버무려 오븐용 그릇에 담아요.

2 200℃의 오븐에서 20~30분 정도 고구마가 익을 때까지 구워요. 이때 중간에 두 번 정도 뒤적여 조청이 고루 묻게 하면 좋아요.

3 고구마를 젓가락으로 찔러 쑥 들어가고 색깔이 먹음직스러워지면 꺼내서 다시 한 번 고루 섞어 얼른 그릇에 담아 내요.

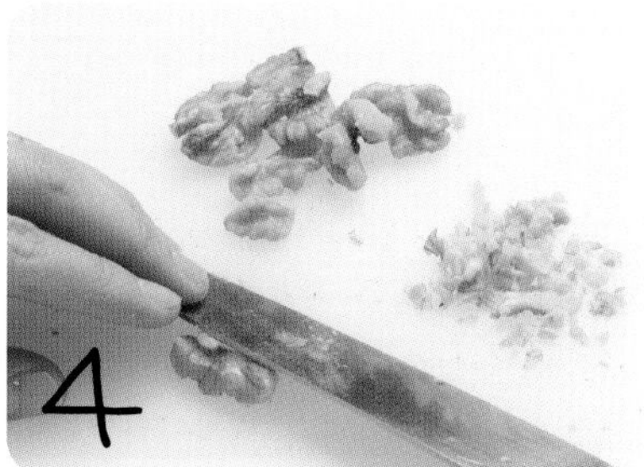

4 호두살을 대강 빻아 솔솔 뿌리면 더 고소해요. 호두살은 칼 옆면으로 지그시 누른 뒤 다지면 편해요.

꼬물댁의 요리 비법!

맛탕 맛내기 맛탕은 밤고구마로 해야 질척이지 않아요. 조청 중에는 부드럽지 않고 굳은 것처럼 단단한 게 있는데, 그럴 경우에는 팬에 담아 잠깐 데우세요. 한결 부드러워져서 고구마 버무리기가 편하답니다.

미니약식

약식은 만들기가 번거롭다고 생각하기 쉽지만 압력솥을 이용하면 무척 간단해요. 몸에 좋은 잣과 밤, 대추까지 들어가니 훌륭한 영양 간식이 되지요. 동그랗게 만들어도 되고 예쁜 모양 틀로 찍어도 되고…. 아이와 함께 만들면 더 재미있답니다.

재료 준비

찹쌀 3컵, 깐 밤 10개, 대추 4개, 잣 적당량, 참기름 6숟갈, 물 1컵

양념장 진간장 9숟갈, 설탕 6숟갈, 계피가루 $\frac{1}{3}$숟갈, 대추씨 4개, 물 1컵

밤은 작게 썰고, 대추는 물에 살짝 씻은 뒤 껍질을 돌려 깎아 씨를 빼 내고 잘게 썰어요.

물 1컵에 대추씨를 넣고 2분쯤 끓이다가 진간장, 설탕, 계피가루를 넣어 설탕이 녹을 때까지 끓인 뒤 대추씨를 건져요.

꼬꼬댁의 요리 비법!

약식 맛내기 양념장을 미리 끓여 설탕을 녹여야만 나중에 압력솥에 밥을 지을 때 눋지 않아요. 설탕을 흑설탕과 반반씩 섞으면 색깔이 진해지는 효과가 있지요.
압력솥을 이용하면 찹쌀을 미리 불리지 않아도 쫀득한 찰밥이 돼요. 미리 불려 두면 오히려 질척거리는 느낌이 생긴답니다.

찹쌀을 씻어 물기를 쪽 따라내고 압력솥에 담은 뒤 밤, 대추, 양념장, 참기름 2숟갈, 물을 넣고 잘 섞어 밥을 지어요.

약식이 다 되면 잣과 참기름 4숟갈을 넣고 고루 비벼 손으로 동그랗게 빚거나 예쁜 모양 틀로 찍어 내요.

꼬꼬댁의 하나 더!

오미자냉차

재료 오미자 $\frac{1}{2}$컵, 생수(또는 끓여 식힌 물) 8컵, 꿀 적당량

만들기

1 오미자를 물에 슬쩍 헹궈 체에 밭쳐 물기를 쏙 빼고 그대로 잠시 펼쳐 놓아 물기가 마른 듯이 준비해요.

2 생수에 오미자를 넣고 뚜껑을 덮어 냉장고에서 18시간 정도 우려내요.

3 발그레하게 잘 우려졌으면 오미자를 걸러 버리고 물만 따로 받아요. 냉장고에 넣어 두었다가 기호에 맞게 꿀을 섞어 드세요.

TIP 오미자는 뜨거운 물에 우려내면 떫다는 너무너무 유명한 얘기, 다들 아시죠? 달콤한 배가 있으면 채 썰거나 예쁜 모양 틀로 찍어서 동동 띄워 주세요. 맛도 좋고 모양도 좋답니다.

채소설기

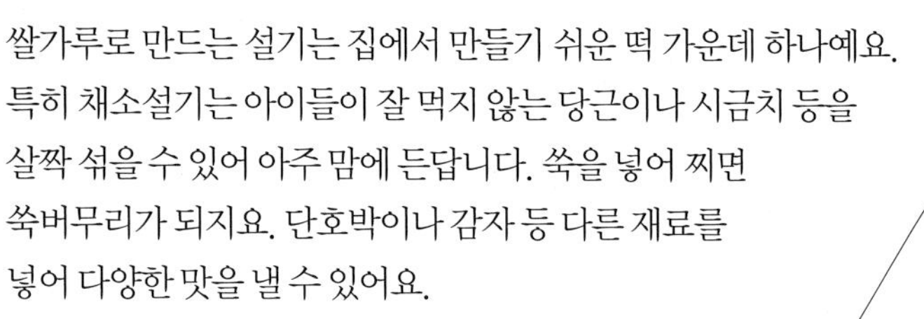

쌀가루로 만드는 설기는 집에서 만들기 쉬운 떡 가운데 하나예요. 특히 채소설기는 아이들이 잘 먹지 않는 당근이나 시금치 등을 살짝 섞을 수 있어 아주 맘에 든답니다. 쑥을 넣어 찌면 쑥버무리가 되지요. 단호박이나 감자 등 다른 재료를 넣어 다양한 맛을 낼 수 있어요.

재료 준비

젖은 쌀가루 3컵, 물 4숟갈, 설탕 2숟갈, 소금 $\frac{1}{4}$숟갈, 고구마(큰 것) $\frac{1}{2}$개, 당근 1토막, 시금치 3뿌리 정도

젖은 쌀가루를 고운 체에 담고 바닥을 손으로 비비면서 곱게 내려요.

고구마와 시금치는 잘게 썰고, 당근은 굵게 다져요.

꼬둘댁의 요리 비법!

쌀가루 반죽하기 젖은 쌀가루를 반죽할 때는 물의 양에 주의해야 해요. 쌀가루를 손으로 꼭 쥐었을 때 가루가 흩어지지 않고 뭉쳐지면서 겉만 약간 부스러지는 정도여야 하거든요. 물을 1숟갈씩 넣으면서 손으로 뭉쳐 확인해 보세요. 쌀가루 3컵에 대략 물 4숟갈 정도 넣으면 알맞지만, 경우에 따라 조금씩 다를 수 있으니까 꼭 손으로 뭉쳐 보세요.

쌀가루와 물, 설탕, 소금, 채소들을 고루 섞어 젖은 면 보자기를 깐 시루에 담아요.

찜통에 물이 끓기 시작하면 시루를 넣고 뚜껑을 덮어 쪄요.

20분 정도 지나 젓가락으로 찔러 봐서 가루가 묻어나지 않으면 다 익은 거예요.

불을 끄고 5분 정도 뚜껑을 덮어 그대로 뜸을 들인 뒤 꺼내요.

영양찰떡

영양찰떡은 건강에 좋은 여러 가지 재료를 찹쌀가루와 섞어 쪄낸 거예요. 쫀득쫀득한 것이 아주 맛있답니다. 삶은 콩도 좋고 밤이나 호두도 좋고 대추를 넣어도 잘 어울리지요. 달달한 곶감을 넣으면 맛이 더 좋아요.

재료 준비

젖은 찹쌀가루 2컵, 설탕 1숟갈, 소금 ¼숟갈, 대추 4개, 곶감 2개, 호두살 ⅛컵, 참기름 적당량

1 대추를 물에 불려 돌려 깎아서 씨는 버리고 살만 잘게 썰어요. 곶감도 씨를 빼고 잘게 썰고, 호두는 손으로 잘게 잘라 놓아요.

2 찹쌀가루에 설탕, 소금을 고루 섞은 뒤 ①을 넣어 섞어요.

꼬물댁의 요리 비법!

호두 · 잣 · 대추 · 곶감 활용하기 꼬물댁 냉동실엔 호두, 잣, 대추, 곶감이 항상 들어 있답니다. 호두, 잣, 곶감은 그 자체로 훌륭한 간식거리이기도 하고, 여러 가지 간식을 만들어 줄 때 부재료로 사용하기 좋아요. 대추는 몸을 따뜻하게 한다고 해서 물을 붓고 끓여 물 대신 마시기도 하지요. 마트에서 쉽게 살 수 있는 재료니까 항상 집에 준비해 두고 다양하게 사용하세요. 젖은 찹쌀가루는 144쪽 간단인절미를 참조하세요.

3 시루에 젖은 면 보자기를 깔고 ②를 담아 김 오른 찜통에 넣고 뚜껑을 덮어 쪄요.

4 20분 정도 뒤에 젓가락으로 찔러 봐서 쫄깃하게 익어 있으면 불을 끄고 5분 정도 뚜껑을 덮어 그대로 뜸을 들여요

5 손에 참기름을 묻혀 가며 떼어 동그랗게 빚어요. 모양 틀이나 네모난 그릇에 참기름을 바르고 담아서 조금 식힌 뒤 꺼내도 되지요.

떡찜

손이 좀 가는 음식이긴 하지만 모양도 예쁘고 아이들이 좋아해서
자주 한답니다. 얌전한 모양새 때문인지 어른들께 대접해도
칭찬받는 음식 중 하나예요. 잣을 꽁꽁 빻아 고명으로 솔솔
뿌리면 맛도 모양도 한결 좋아지지요.

재료 준비

가래떡 2줄(600g), 쇠고기(불고기용) 100g, 표고버섯 1개, 감자가루 1숟갈, 잣 2숟갈, 참기름 1숟갈, 통깨 조금

쇠고기 밑간 진간장 1숟갈, 설탕 $\frac{1}{3}$숟갈, 참기름 $\frac{1}{2}$숟갈, 청주 $\frac{1}{2}$숟갈, 다진 마늘 $\frac{1}{3}$숟갈, 후춧가루 조금

버섯 밑간 소금 $\frac{1}{4}$숟갈, 참기름 1숟갈

떡 밑간 소금 $\frac{1}{4}$숟갈, 참기름 1숟갈

양념 진간장 $1\frac{1}{2}$숟갈, 설탕 $\frac{1}{2}$숟갈

국물 다시마 $\frac{1}{2}$장, 물 $2\frac{1}{2}$컵

1 쇠고기를 곱게 채 썰어 밑간을 하고, 버섯도 물에 살짝 씻어 밑동을 잘라 내고 곱게 채 썰어 밑간을 해요.

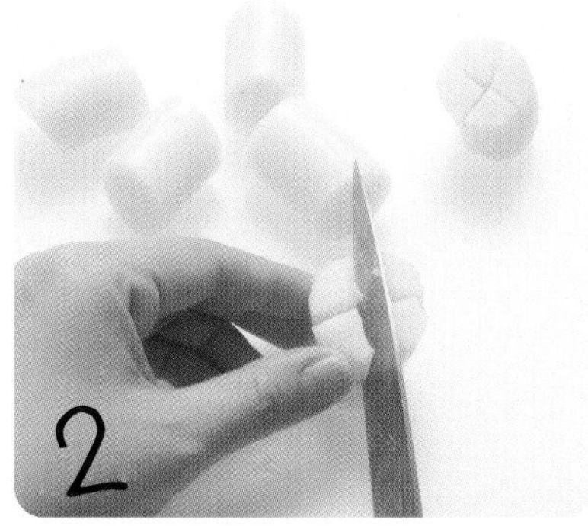

2 떡을 말랑말랑한 상태에서 3cm 정도로 썰어 열십자로 칼집을 낸 뒤 밑간을 해 놓아요.

꼬물댁의 요리 비법!

떡에 칼집 넣기 떡에 열십자로 칼집을 낼 때 깊숙이 넣으면 나중에 너무 많이 벌어져서 모양이 흐트러지기 쉬워요. 떡 높이의 반 정도만 칼집을 내세요. 또 칼에 물을 묻히면서 해야 칼집 내기가 쉽고, 소를 집어넣을 때도 잘 벌어져서 편해요.

냄비는 떡이 꽉 들어 찰 정도의 크기여야 떡 모양이 흐트러지지 않고 깔끔하게 조릴 수 있어요.

3 떡의 칼집에 감자가루를 조금씩 묻힌 뒤 쇠고기, 버섯을 섞어 흐트러지지 않도록 꼼꼼하게 집어넣어요.

4 미리 국물을 끓여 다시마를 건져 내요. 냄비에 떡을 세워 담고 다시마 우린 국물을 옆으로 부은 뒤 분량의 양념으로 간을 하고 국물을 몇 번 끼얹어 바글바글 끓여요.

5 뚜껑을 덮고 고기가 익을 때까지 끓이다가 뚜껑을 열고 국물을 끼얹으며 조려요. 마지막에 참기름, 통깨를 뿌려요.

6 잣을 꽁꽁 빻아 가루를 내어 떡찜 위에 솔솔 뿌려요.

part6

오늘은 특별한 날!
집에서 후다닥~ 만드는
외식메뉴

햄버거, 아이들이 무척 좋아하죠?
밤이면 치킨 시켜 먹자고 졸라대고요. 주말이면 외식하자고 성화예요.
그런데 밖에서 사 먹는 음식은
화학조미료와 위생 불량으로 먹기가 꺼림칙해요.
집에서 한번 만들어 보세요.
후다닥 만들지만 맛과 모양이 뒤지지 않아요.
밖에서 사 먹자는 말이 쏙 들어갑니다.

새우버거

간단한 외식으로 아이들과 패스트푸드를 즐겼다면 이제는 No~! 엄마가 믿을 수 있는 재료로 깨끗하게 만들어 주세요. 맛있고 영양 많은 새우버거는 어떠세요? 작은 모닝빵을 이용하면 아이들이 먹기 훨씬 쉽겠죠?

재료 준비

모닝빵 6개, 새우살 1컵, 감자가루 3숟갈, 달걀 1개, 소금 ¼숟갈, 후춧가루 조금, 식용유 적당량, 샐러드용 채소 조금

새우살 헹구기 새우살이 잠길 정도의 물, 청주 1컵

소스 다진 피클 2숟갈, 플레인 요구르트 4숟갈, 식초 1숟갈, 꿀 1숟갈

* 피클 만들기는 204쪽 피클을 참조하세요.

새우살을 청주 탄 물에 살짝 헹궈 체에 밭쳐 물기를 쏙 빼요.

새우살을 커터로 곱게 갈아 감자가루, 달걀, 소금, 후춧가루를 넣어 반죽해요.

꼬물댁의 요리 비법!

치킨버거 만들기 새우 대신 닭 안심을 이용하면 치킨버거가 된답니다. 닭 안심 200g을 가운데 흰 힘줄을 잘라 버리고 청주 탄 물에 살짝 헹궈 커터로 곱게 갈아 만들면 돼요. 나머지 재료는 새우버거와 똑같고요. 또 닭고기 반죽에 카레가루를 ½숟갈 넣으면 색다른 맛의 카레치킨버거를 만들 수 있답니다.

커터가 없으면 닭고기나 새우살을 칼로 아주 곱게 다지세요.

반죽을 지질 때 가운데를 눌러 납작하게 만들어야 빵 사이에 끼우기 좋아요.

팬에 식용유를 넉넉히 두른 뒤 새우 반죽을 빵 크기로 도톰하게 떠 놓고 앞뒤로 노릇하게 지져요.

모닝빵을 옆으로 반 갈라 마른 팬에 안쪽을 구워요. 이때 빵을 완전히 자르지 말고 끝을 조금 남겨야 먹기 편해요.

채소를 잘 씻어 물기를 탈탈 털어요. 피클을 곱게 다져 살짝 짜서 넣고 소스를 만들어 놓아요.

빵 가운데에 ③을 끼우고 소스를 바른 뒤 채소를 얹고 다시 소스를 얹어요.

난자완스

부드러운 돼지 안심을 곱게 갈아 만든 난자완스는 질감이 아주 부드러워서 어린아이들도 잘 먹어요. 보통 시중에 파는 굴 소스를 쓰는데 건강을 생각한다면 쓰지 않는 게 좋겠죠? 마늘, 생강, 대파로 향을 내고 진간장으로 맛을 내면 굴 소스 없이도 맛있게 만들 수 있답니다.

재료 준비

돼지고기(안심) 200g, 표고버섯 2개, 청경채 2송이, 양파 ¼개, 대파(흰 부분) 1대, 다진 마늘 ½숟갈, 다진 생강 ¼숟갈, 진간장 2숟갈, 설탕 1숟갈, 소금 · 후춧가루 조금씩, 참기름 1숟갈, 통깨 조금, 물 1컵, 식용유 적당량

돼지고기 양념 청주 ½숟갈, 소금 ¼숟갈, 진간장 ⅓숟갈, 설탕 · 후춧가루 조금씩, 다진 마늘 ½숟갈, 다진 생강 ¼숟갈, 감자가루 3숟갈, 달걀 1개, 참기름 ½숟갈

녹말물 감자가루 1½숟갈, 물 3숟갈

꼬꼬댁의 요리 비법!

난자완스 맛내기 난자완스는 돼지고기만으로 반죽하기 때문에 누린내 제거에 신경을 써야 해요. 반드시 신선한 고기를 쓰고 반죽할 때 청주와 생강을 빼놓지 마세요. 돼지고기 반죽을 지질 때 숟가락과 뒤집개에 식용유를 살짝 묻히면 반죽이 달라붙지 않아 모양 잡기가 편해요. 또 뒤집개로 꾹꾹 눌러 가며 납작하게 지져야 보기도 좋고 속까지 잘 익어요.

돼지고기를 커터로 곱게 갈아 준비한 양념으로 무쳐 손으로 잘 치대 놓아요.

팬에 식용유를 넉넉히 두르고 숟가락 2개로 반죽을 떠서 동글납작하게 모양을 잡아 앞뒤로 노릇하게 지져요.

밑동 자른 버섯은 굵게 채 썰고, 청경채는 씻어서 물기를 털어 잎을 떼고 너무 큰 것은 적당히 썰어요. 양파, 대파도 굵게 채 썰어요.

팬에 식용유를 두르고 다진 마늘, 다진 생강, 대파를 볶아 향을 낸 뒤 양파를 넣어 볶아요. 이때 소금, 후춧가루를 조금씩 뿌려요.

④에 버섯, 청경채를 넣어 볶다가 물을 붓고 진간장, 설탕으로 간을 해요.

지진 돼지고기와 녹말물을 넣고 바글바글 끓이다가 참기름, 통깨로 마무리해요.

마파두부는 두부 한 모만 있으면 집에 있는 자투리 재료들로 후다닥 만들 수 있는 아주 쉬운 요리예요. 여러 가지 재료가 들어가니까 아이들의 균형 잡힌 식단으로도 좋고, 다른 반찬이 필요 없으니 밥과 곁들이면 훌륭한 일품요리가 되지요.

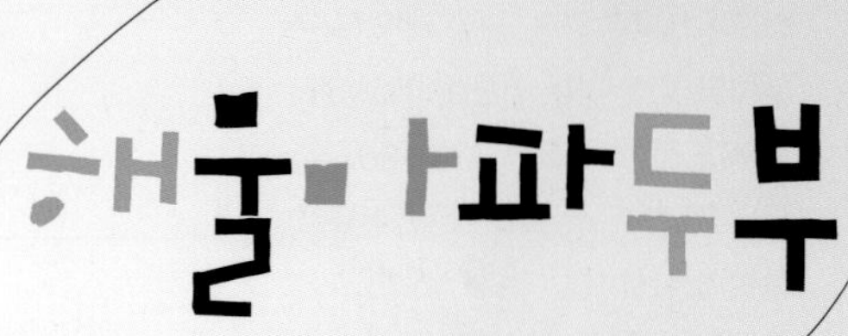

재료 준비

두부 1모, 오징어(작은 것) 2마리(또는 큰 것 1마리), 새우살 $\frac{1}{3}$컵, 애느타리버섯 1줌, 양파 $\frac{1}{2}$개, 당근 1토막, 쪽파 2뿌리(또는 대파 조금), 다진 마늘 $\frac{1}{2}$숟갈, 다진 생강 $\frac{1}{3}$숟갈, 진간장 3숟갈, 설탕 $\frac{1}{3}$숟갈, 고춧가루 $\frac{1}{3}$숟갈, 참기름 1숟갈, 소금 적당량, 후춧가루 · 통깨 조금씩, 물 $\frac{1}{2}$컵, 식용유 3숟갈

오징어 데치기 오징어가 잠길 정도의 물, 왕소금 $\frac{1}{2}$숟갈

새우 헹구기 새우가 잠길 정도의 물, 청주 $\frac{1}{2}$숟갈

녹말물 감자가루 1숟갈, 물 2숟갈

꼬들댁의 요리 비법!

마파두부 맛내기 오징어와 새우 같은 해물 대신 돼지고기를 잘게 다져 넣어도 좋아요. 애느타리버섯 대신 표고버섯이나 새송이버섯을 넣어도 좋고, 호박을 넣거나 칼칼한 맛을 내기 위해 청양고추를 넣어도 맛있답니다.

마파두부는 두부를 미리 튀겨서 만들어도 되지만, 튀기지 않으면 훨씬 부드럽고 깔끔한 맛이 난답니다.

1 오징어는 손질해 살짝 데쳐 잘게 썰고, 새우살은 청주 탄 물에 헹궈 물기를 쏙 빼서 큼직하게 썰어요. 두부는 깍둑썰기를 해요.

2 양파, 당근은 굵게 다지고, 버섯, 쪽파는 잘게 썰어 놓아요.

3 팬에 식용유를 두르고 다진 생강, 다진 마늘을 볶다가 불을 끄고 고춧가루를 넣어 휘저어요.

4 다시 불을 켜고 양파, 당근을 넣어 볶아요. 이때 소금 간을 조금 하고 후춧가루도 뿌려요.

5 채소가 거의 익으면 물, 진간장, 설탕을 넣고 끓이다가 부글부글 끓으면 오징어, 새우, 두부, 버섯, 파를 넣어 마저 끓여요.

6 휘휘 저어 농도를 봐 가며 녹말물을 풀어 넣고 소금으로 나머지 간을 맞춘 뒤 참기름, 통깨로 마무리해요.

닭한마리 칼국수

닭 한 마리를 시원한 국물에 부글부글 끓여 양념장을 찍어 먹고,
남은 국물에는 칼국수까지 끓여 입가심을 하는 닭한마리칼국수~.
포슬포슬한 감자를 건져 먹는 맛은 덤이지요. 아이는 물론
어른도 좋아해서 온 가족이 둘러앉아 먹기 좋아요.

재료 준비

닭(토막 낸 것) 1마리, 젖은 칼국수 2인분, 감자(큰 것) 1개, 대파 ½대, 다진 마늘 2숟갈, 국간장 2숟갈, 소금 적당량, 배추김치 적당량

닭고기 데치기 닭고기가 잠길 정도의 물, 마늘 3쪽, 생강 3톨, 통후추 20알, 청주 ¼컵

국물 국물용 멸치 10마리, 다시마 1장, 표고버섯 밑동 6개, 무 1토막, 양파 ½개, 대파(흰 부분) 1대, 물 12컵

양념장 부추 1줌, 다진 마늘 2숟갈, 진간장 8숟갈, 국간장 2숟갈, 설탕 3숟갈, 고춧가루 2숟갈, 식초 5숟갈, 통깨 1숟갈

꼬꼬댁의 요리 비법!

닭한마리칼국수 맛있게 먹기 닭한마리칼국수는 끓이면서 먹어야 하니까 냄비째 상에 내세요. 국물을 바글바글 끓이면서 감자를 먼저 건져 먹고, 닭고기가 부드럽게 익으면 건져서 양념장에 찍어 먹으면 돼요.

건더기를 다 건져 먹고 나면 남은 국물을 마저 부어 칼국수를 끓여 먹어요. 이때 싱거우면 소금으로 간을 하고 김치를 잘게 썰어 넣어 같이 끓이면 훨씬 개운하고 맛있어요.

냄비에 물을 붓고 분량의 재료를 넣어 국물을 팔팔 끓여요. 건더기는 건져 버려요.

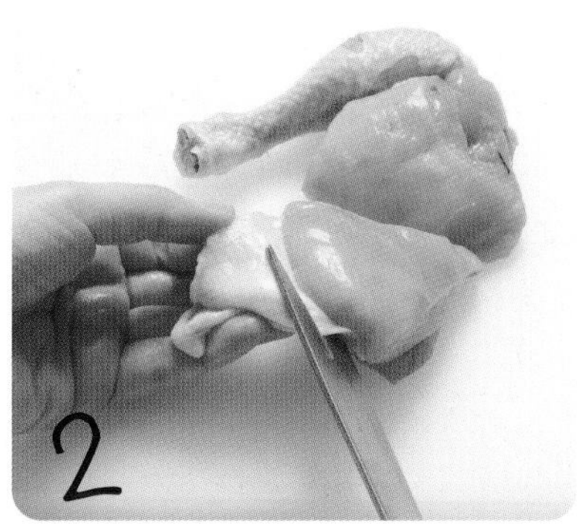

닭을 껍질을 벗기고 두꺼운 지방을 잘라 버린 뒤, 뼈 사이의 핏물이나 내장 찌꺼기를 깨끗이 씻어 내요.

닭고기가 잠길 정도의 물에 마늘, 생강을 저며 넣고 통후추를 넣어 팔팔 끓인 뒤, 닭고기와 청주를 넣고 부르르 끓을 때까지 데쳐요.

닭고기가 하얗게 변하는 순간 건져 내어 찬물에 지저분한 거품을 살짝 씻어 놓아요.

전골냄비에 큼직하게 썬 감자, 데친 닭고기를 담고 국물을 재료가 잠길 정도로 부어 끓여요. 바글바글 끓으면 어슷하게 썬 대파, 다진 마늘을 넣고 국간장, 소금으로 간을 맞춰요.

부추를 깨끗이 씻어 3cm로 썬 뒤, 양념장을 만들어 먹기 직전에 부추를 살짝 섞어 내요.
* 감자와 닭고기를 건져 먹고 나서 칼국수와 김치를 넣어 끓여 드세요.

하얀 해물짬뽕

짬뽕은 얼큰하고 시원한 국물 맛이 그만이지만, 아이들이 먹기에는 너무 맵지요. 아직 매운 걸 잘 못 먹는 아이들을 위해 맵지 않은 하얀 짬뽕을 만들어 보세요. 천연 재료가 듬뿍 들어 있어 국물 맛이 끝내 줘요~

재료 준비

젖은 칼국수 2인분, 청경채 2~3송이, 양파 ½개, 표고버섯 1개, 왕새우 4마리, 다진 마늘 ½숟갈, 까나리액젓 2숟갈, 소금 조금

국물 국물용 멸치 15마리, 다시마 1장, 홍합 2줌 정도, 물 5컵

양파 볶기 식용유 1숟갈, 소금 · 후춧가루 조금씩

홍합은 수염을 떼고 쌀 씻듯이 비비면서 깨끗이 헹구고, 왕새우는 꼬리만 남기고 머리와 껍질을 모두 떼어 버려요.

물 5컵에 멸치, 다시마를 넣고 팔팔 끓이다가 국물이 우러나면 건더기를 건져 버리고 홍합을 넣어요. 홍합의 입이 벌어지면 불을 꺼요.

꼬들댁의 요리 비법!

짬뽕 맛내기 4번 과정에서 고춧가루를 넣고 볶아 고추기름을 내면 매운 짬뽕이 되고, 청양고추를 넣으면 얼큰해지지요. 국물을 부을 땐 웃물을 가만히 붓고 밑에 가라앉은 홍합 찌꺼기는 버리세요. 그래야 국물이 깔끔하답니다. 국수는 미리 삶아 찬물에 헹군 뒤 다시 뜨거운 물에 살짝 헹궈 물기를 쏙 빼 두세요.

홍합 대신 굴이나 모시조개를 넣어도 되고 청경채 대신 봄동도 좋아요. 왕새우 대신 보통 새우살을 써도 되고요. 언제나 구하기 쉬운 재료를 이용하는 것이 주부의 센스지요.

청경채를 깨끗이 씻어 물기를 빼고 너무 큰 것은 반 정도 잘라요. 양파는 굵게 채 썰고, 표고버섯은 물에 살짝 헹궈 밑동을 떼고 적당히 썰어요.

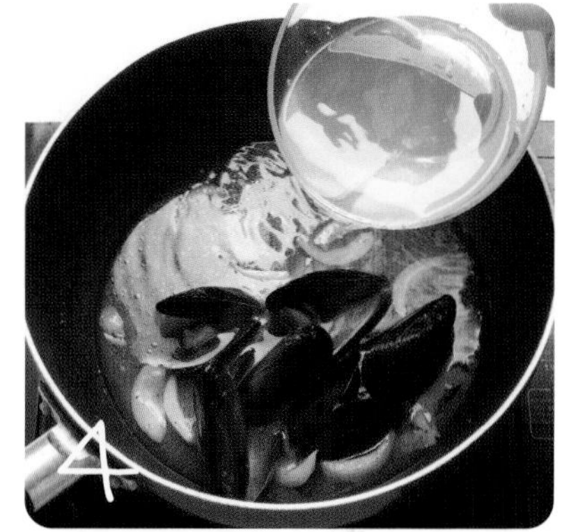

오목한 팬에 식용유를 두른 뒤 양파를 넣고 소금, 후춧가루를 뿌려 볶다가 ②의 국물을 가만히 붓고 끓여요.

왕새우, 버섯, 청경채를 넣어 끓이면서 다진 마늘을 넣고 액젓으로 간을 해요. 혹시 싱거우면 소금으로 간을 맞춰요.

삶아 놓은 칼국수를 그릇에 담고 뜨거운 국물을 부었다가 도로 따라내어 토렴 한 뒤, 다시 국물을 부어 내요(토렴은 108쪽 순두부국밥을 참조하세요).

채소쫄면

새콤달콤한 쫄면은 여러 가지 채소를
곁들일 수 있어서 좋아요.
특별하게 영양 가득한 새싹을 듬뿍 넣어
비벼 볼까요?

재료 준비

쫄면 2인분, 오이 ½개, 당근 1토막, 콩나물 2줌, 새싹채소 50g, 양배추 1잎, 달걀 1개

콩나물 삶기 콩나물이 잠길 정도의 물, 왕소금 ½숟갈

양념장 고추장 3숟갈, 고춧가루 ½숟갈, 설탕 1½숟갈, 식초 6숟갈, 다진 마늘 ½숟갈, 참기름 2숟갈, 통깨 조금

꼬물댁의 요리 비법!

쫄면 삶기 쫄면에는 젖은 쫄면과 마른 쫄면 두 가지가 있어요. 젖은 쫄면은 보통 진공 포장 되어 있는데, 삶기 전에 손으로 비벼 가닥가닥 떼어 내야 삶은 뒤에 서로 달라붙지 않아요.

오이, 당근, 양배추는 곱게 채 썰고, 새싹채소는 체에 담아 물에 살짝 헹궈 물기를 쏙 빼요.

콩나물을 서너 번 씻어 소금물에 삶은 뒤, 찬물에 얼른 헹궈 물기를 살짝 짜요. 달걀도 미리 삶아 놓고요.

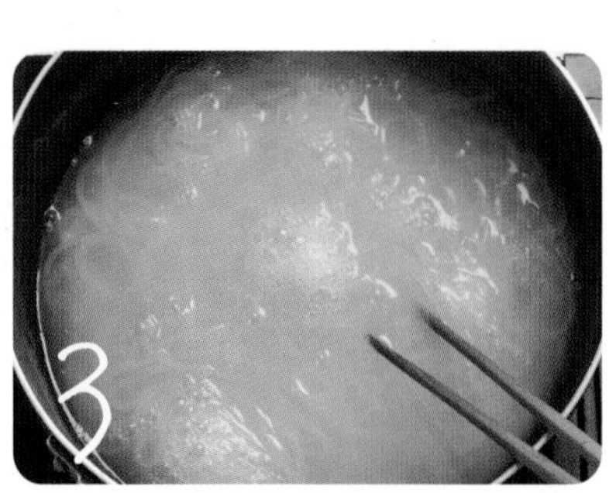

쫄면이 잠길 정도의 팔팔 끓는 물에 쫄면을 삶아 건져 찬물에 얼른 헹궈 물기를 빼요. 쫄면을 그릇에 담아 채소와 양념장을 얹어 내요.

우동볶이

떡볶이 떡 대신 면발이 굵은 우동을 볶아 낸 우동볶이는 매콤하고 달착지근한 맛이 아주 좋아요. 여기에 오징어나 낙지를 곁들여도 근사하답니다.

재료 준비

젖은 우동 2인분, 어묵 4장, 양배추 2잎, 대파 $\frac{1}{4}$대, 달걀 2개

양념 물 3컵, 고추장 3숟갈, 진간장 3숟갈, 설탕 1숟갈, 고춧가루 1숟갈, 다진 마늘 $\frac{1}{2}$숟갈, 참기름 1숟갈, 후춧가루 · 통깨 조금씩

달걀을 10분 정도 완숙으로 삶아 찬물에 담가 껍데기를 벗기고 반으로 썰어 놓아요.

어묵을 뜨거운 물에 한 번 헹궈 적당히 썰고, 양배추도 같은 모양으로 썰어요. 대파는 어슷하게 썰어요.

물을 팔팔 끓여 고추장을 풀고 우동, 어묵, 양배추를 넣어 끓이다가 대파를 넣어요.

진간장, 설탕, 고춧가루, 다진 마늘을 넣어 맛을 낸 뒤 국물이 자작해지면 달걀을 넣고 참기름, 후춧가루, 통깨로 마무리해요.

꼬꼬댁의 요리 비법!

우동 고르기 일반 칼국수로 만들면 면발이 붇는 듯이 되어 모양이 별로 좋지 않아요. 일식 우동 면발같이 굵고 탱글탱글한 국수를 이용하세요. 보통 젖은 상태로 진공포장되어 있는 것을 사면 돼요.

오두닭갈비

온 가족이 함께 하는 주말엔 매콤하고 푸짐한 닭갈비를 준비해 보세요. 고구마랑 떡, 굵은 우동 면발까지 취향대로 준비해 맛있게 먹을 수 있어요. 맨 마지막에 남은 국물에 밥까지 볶아 먹으면 '아~ 잘 먹었다' 소리가 절로 나온답니다.

재료 준비

닭고기(넓적다리살) 500g, 양배추 200g(주먹의 2배 정도), 고구마 2개, 대파 $\frac{1}{2}$대, 물 $\frac{2}{3}$컵

닭고기 헹구기 닭고기가 잠길 정도의 물, 청주 1숟갈

닭고기 밑간 청주 1숟갈, 양념의 $\frac{1}{2}$ 분량

양념 양파 $\frac{1}{2}$개, 다진 마늘 1숟갈, 다진 생강 $\frac{1}{3}$숟갈, 고추장 1숟갈, 진간장 6숟갈, 국간장 1숟갈, 고춧가루 4숟갈, 설탕 2숟갈, 참기름 3숟갈, 통깨 $\frac{1}{2}$숟갈, 후춧가루 조금

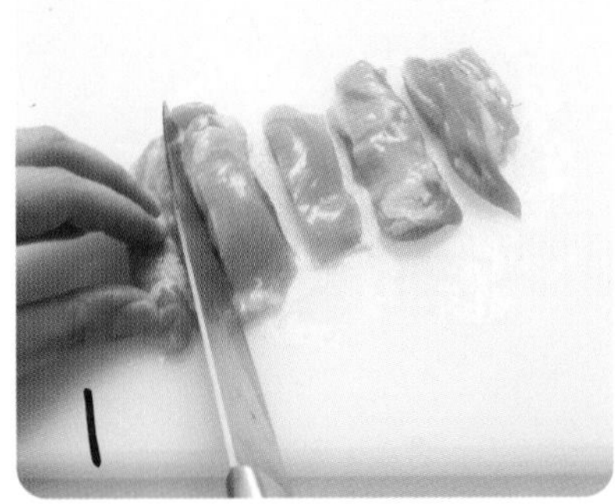

닭고기를 껍질 벗기고 두꺼운 기름을 잘라 버린 뒤, 청주 탄 물에 살짝 헹궈 큼직하게 썰어요.

양파를 굵게 다지고 분량의 재료를 섞어 양념을 만들어요.

꼬들댁의 요리 비법!

모둠닭갈비 맛내기 재료의 양에 따라 간을 달리 맞춰야 하니까 양념을 넉넉하게 만들어서 조금 남겼다가 부족하면 더 넣는 센스를 발휘하세요. 떡볶이 떡이나 굵은 우동을 미리 삶아 준비했다가 같이 넣어 볶으면 맛도 있고 양도 많아지죠.

나중에 밥을 볶아 먹을 때는 김치를 송송 썰어 넣고 구운 김도 부숴 넣으세요. 훨씬 맛있답니다.

닭고기에 청주와 양념의 반을 넣어 밑간을 해 놓아요.

양배추는 큼직하게 썰고, 고구마는 껍질 벗겨 굵고 길쭉하게 썰어요. 대파는 어슷하게 썰고요.

넓은 팬 가운데에 닭고기를 놓고 양배추, 고구마를 둘러 담은 뒤 대파를 얹어요.

나머지 양념에 물 $\frac{2}{3}$컵을 섞어 닭고기를 뺀 다른 재료들 위에 끼얹은 뒤 가끔 뒤집으면서 볶아요.

왕새우 마늘구이

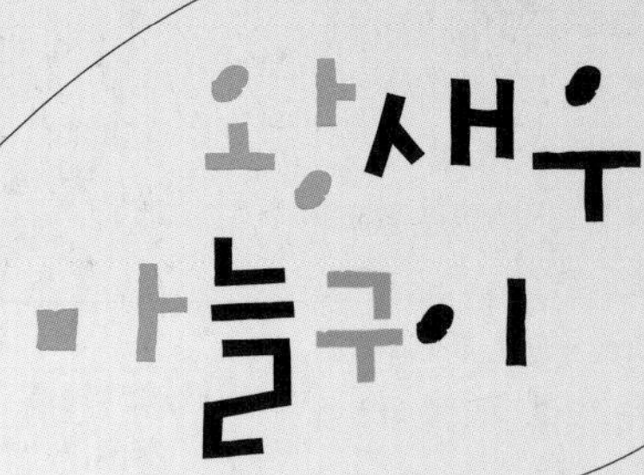

왕새우는 아무런 양념을 하지 않고 그대로 소금물에 삶아도 정말 맛있어요. 왕소금을 듬뿍 깔아서 구워도 맛있고요. 색다르게 먹고 싶을 땐 마늘 소스를 이용해 보세요. 만들기는 간단하지만 맛은 정말 좋아요.

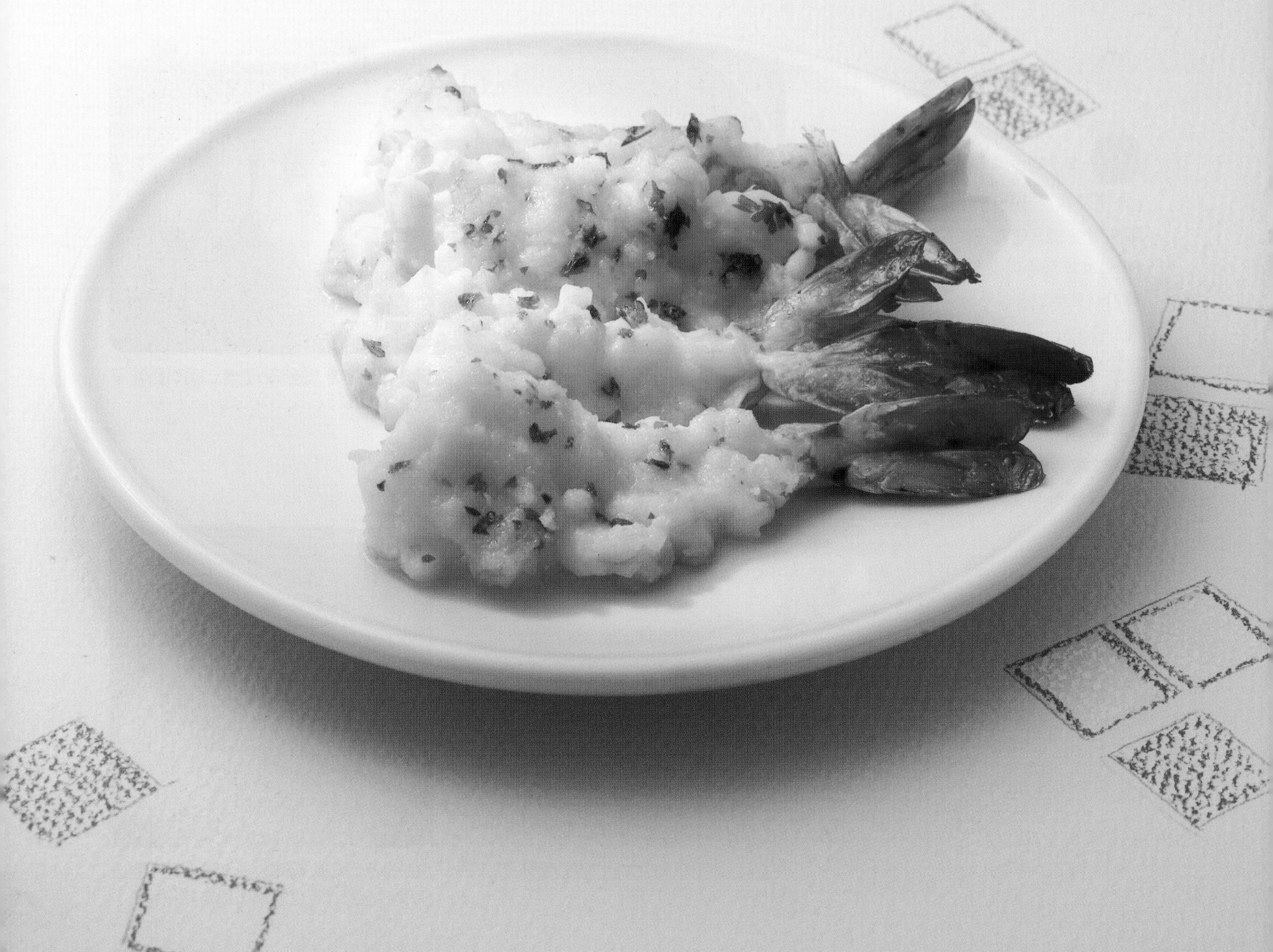

재료 준비

왕새우 5마리(또는 중간새우 10~12마리 정도)

새우 헹구기 새우가 잠길 정도의 물, 청주 1숟갈

마늘 소스 다진 마늘 2숟갈, 올리브유 6숟갈, 소금 조금, 파슬리가루 $\frac{1}{3}$숟갈

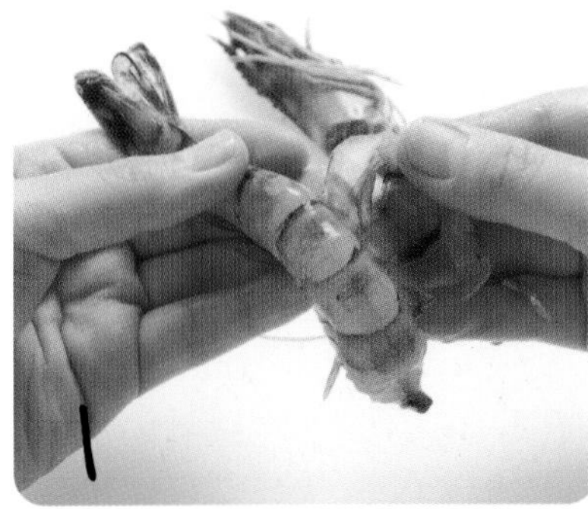

1 새우를 머리는 떼어 내고 꼬리는 남긴 채 몸통의 껍데기를 벗겨요.

2 등 쪽의 검은 실 같은 내장을 빼고 배 쪽 부분에 촘촘하게 칼집을 낸 뒤, 길게 반 갈라서 청주 탄 물에 헹궈 물기를 쏙 빼요.

꼬물댁의 요리 비법!

새우 굽기 새우마늘구이를 할 때는 큼직한 왕새우를 써야 푸짐하고 먹음직스러워요. 크기가 조금 작은 중간새우는 꼬치에 꿰어 소스를 발라 구워야 모양이 좋아요. 새우는 오래 구울수록 질겨지니까 부드럽게 먹으려면 살짝만 구워야 돼요.

3 분량의 재료를 모두 섞어 마늘 소스를 만들어요.

4 팬에 새우를 펼쳐 담고 소스를 듬뿍 발라 앞뒤로 노릇하게 지지면 되지요.

꼬물댁의 하나 더!

홍합찜

재료 홍합 8줌 정도, 부추 $\frac{1}{2}$줌, 올리브유 1숟갈, 다진 마늘 1숟갈, 화이트 와인 3숟갈, 후춧가루 조금

만들기

1 홍합을 수염을 떼고 쌀 씻듯이 물에 여러 번 헹궈 체에 밭쳐 놓아요.

2 부추를 깨끗이 다듬어 여러 번 물로 헹궈 물기를 쏙 뺀 뒤 3cm로 썰어 놓아요.

3 달군 팬에 올리브유를 두르고 다진 마늘을 볶다가 홍합, 와인, 후춧가루를 넣고 서너 번 뒤적여요.

4 부추를 넣고 뚜껑을 덮어 익혀요. 홍합의 입이 벌어져 속살이 익으면 다 된 거예요.

TIP 홍합에 간이 배어 있어서 간을 따로 하지 않아도 돼요. 와인을 넣으면 특유의 향미로 맛이 더 좋지만, 없으면 청주를 넣어도 괜찮아요.

part7

아픈 내 아이를 위한 보양식

영양만점 건강 죽

아이가 아프면 엄마가 대신 아팠으면 하는 마음뿐입니다.
뭘 해야 줘야 할지 몰라 막막하기만 합니다.
아픈 아이를 위해 정성껏 죽을 쑤어 보세요.
엄마 정성이 가득한 죽을 먹고 금세 기운을 되찾을 거예요.
늘 먹는 호박죽, 야채죽에서
영양 가득한 피문어죽, 고소한 호두죽 · 잣죽, 달콤한 팥죽까지
다양한 재료, 다양한 맛의 죽요리로 아이를 건강하게 키우세요.

소고기버섯죽

꼬물이가 아기일 때 이유식으로 죽을 만들면서 제일 신경 쓴 점이 바로 여러 가지 재료로 균형 있는 영양과 다양한 맛을 느낄 수 있게 하는 것이었어요. 죽은 이제 아이로 커 버린 꼬물이의 아침을 든든하게 지켜주는 음식 가운데 하나가 되었답니다.

재료 준비

쌀 $\frac{1}{2}$컵, 다진 쇠고기(불고기용) $\frac{1}{4}$컵(60g), 표고버섯 1개, 소금 $\frac{1}{4}$숟갈 정도, 참기름 $\frac{1}{2}$숟갈, 통깨 조금

쇠고기 밑간 청주 $\frac{1}{2}$숟갈, 진간장 $\frac{1}{2}$숟갈, 다진 마늘 $\frac{1}{3}$숟갈, 참기름 $\frac{1}{2}$숟갈, 후춧가루 조금

국물 표고버섯 밑동 1개, 다시마 1장, 물 $3\frac{1}{2}$컵

1 쌀을 여러 번 깨끗이 씻은 뒤 2시간 이상 물에 담가 불려요.

2 쇠고기는 밑간을 해서 고슬고슬하게 볶아요.

꼬들댁의 요리 비법!

죽 쑤기 죽은 쌀의 불린 정도나 냄비의 종류, 불의 세기에 따라 농도 차이가 약간씩 있어요. 예를 들어 쌀을 조금 덜 불리거나 냄비의 두께가 얇거나 불을 세게 하면 물이 더 많이 필요하지요. 끓이면서 물의 양을 조절하며 농도를 맞추세요.

멸치, 다시마, 표고버섯 등을 갈아 만든 천연조미료가 있다면 죽을 끓일 때 조금씩 넣어 보세요. 간편하게 영양을 높일 수 있답니다.

죽은 찬밥을 이용해도 괜찮지만 이렇게 불린 쌀로 끓이면 훨씬 모양새가 좋답니다.

3 표고버섯을 먼지 터는 기분으로 물에 살짝 씻어, 밑동을 따로 잘라 놓고 가늘게 채 썰어요.

4 냄비에 물, 다시마, 표고버섯 밑동을 넣고 끓이다가 5분 뒤에 건더기를 건져 내요.

5 국물에 쌀을 넣고 중간 불로 쌀이 푹 퍼질 때까지 끓여요.

6 농도가 적당해지면 쇠고기와 표고버섯을 넣고 소금으로 간을 맞춰 한소끔 끓인 뒤 참기름, 통깨를 뿌려요.

채소 된장죽

아직 면역력이 약한 아이들은 속이 탈 날 때가 가끔 있지요. 그럴 땐 자극이 적은 재료로 만든 채소된장죽을 권해요.

재료 준비

쌀 $\frac{1}{2}$컵, 호박 1토막, 당근 $\frac{1}{2}$토막, 된장 $\frac{1}{2}$숟갈, 까나리액젓 $\frac{1}{3}$숟갈, 통깨 조금

국물 다시마 $\frac{1}{2}$장, 표고버섯 밑동 2개, 물 $3\frac{1}{2}$컵

1 쌀은 여러 번 씻어 2시간 이상 불리고 호박과 당근은 다져 놓아요.

2 냄비에 물, 다시마, 표고버섯 밑동을 넣어 끓이다가 5분 뒤에 건더기를 건져 내요.

3 국물에 쌀을 넣고 끓이다가 쌀이 투명하게 익으면 호박, 당근을 넣고 쌀이 푹 퍼질 때까지 더 끓여요.

4 된장, 액젓으로 간하여 좀 더 끓인 뒤 그릇에 담아 통깨를 솔솔 뿌려요.

꼬물댁의 요리 비법!

채소된장죽 맛내기 채소는 시금치나 부추를 넣어도 좋아요. 표고버섯 밑동이 없으면 표고버섯 가루로 대신하든지, 아니면 생략해도 괜찮고요. 참기름은 조금 넣는 게 맛있지만, 배탈 났을 땐 넣지 않는 것이 좋아요. 액젓이 없으면 국간장과 소금으로 간을 하세요.

황태무죽

황태가 영양이 풍부하다는 건 모두 아시죠? 국을 끓이면 맛도 끝내 주죠. 어린아이에겐 황태국보다 같은 맛인 황태죽을 끓여 주세요. 한결 더 잘 먹는답니다.

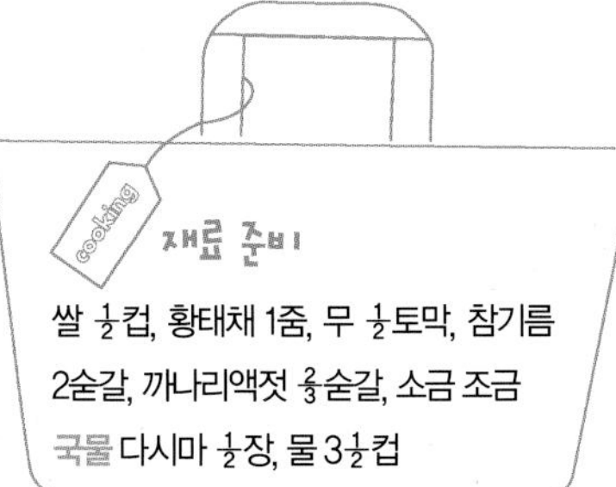

재료 준비

쌀 $\frac{1}{2}$컵, 황태채 1줌, 무 $\frac{1}{2}$토막, 참기름 2숟갈, 까나리액젓 $\frac{1}{3}$숟갈, 소금 조금

국물 다시마 $\frac{1}{2}$장, 물 $3\frac{1}{2}$컵

쌀을 여러 번 씻어 2시간 이상 불려요. 냄비에 물과 다시마를 넣고 끓이다가 5분 뒤에 다시마를 건져 내요.

황태채를 물에 5분 정도 불려 살짝 짜서 가위로 잘게 자르고, 무도 껍질을 벗겨 채 썬 뒤 잘게 썰어요.

냄비에 참기름, 황태, 무를 넣고 달달 볶아요.

③에 쌀과 국물을 넣고 푹 끓인 뒤 마지막에 액젓과 소금으로 간을 맞춰요.

꼬물댁의 요리 비법!

황태채 자르기 요즘은 찢어 놓은 황태채를 살 수 있어서 국이나 볶음, 무침 등 여러 가지 요리에 편하게 쓸 수 있어요. 황태채는 불려서 부드럽게 만들어도 칼로 썰다 보면 손을 다칠 수 있어서 가위로 자르는 게 편해요.

명란젓죽

명란젓으로 죽을 끓이면 의외로 아주 맛이 있어요. 꼬물이도 이 명란젓죽을 참 좋아한답니다. 톡톡 터지는 느낌이 재밌나 봐요.

재료 준비

쌀 ½컵, 호박 1토막, 애느타리버섯 ½줌, 다진 명란젓 2숟갈, 까나리액젓 ½숟갈, 참기름 1숟갈, 통깨 조금

국물 다시마 ½장, 물 3½컵

쌀을 여러 번 씻어 2시간 이상 불려요. 호박은 다지고, 버섯은 잘게 썰어요.

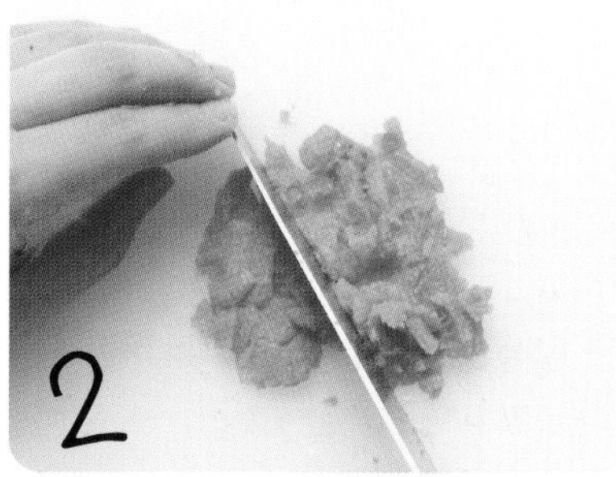

명란젓을 겉에 묻은 고춧가루를 물에 한 번 헹궈 잘게 다져요.

국물을 팔팔 끓여 다시마는 건져 내고 쌀을 넣어 끓여요. 쌀이 퍼지면 호박, 버섯을 넣고 푹 끓여요.

마지막에 명란젓을 잘 풀고 액젓으로 간을 한 뒤 참기름을 넣어요. 그릇에 담아 통깨를 뿌려요.

꼬물댁의 요리 비법!

명란젓죽 간하기 명란젓에 따라 간이 다르니까 먼저 명란젓으로 간을 맞춰 보고 싱거우면 액젓으로 마무리하는 게 좋아요. 액젓이 없으면 항상 국간장과 소금으로 대신할 수 있다는 것 잊지 마세요. 명란젓 고르기는 87쪽 명란젓달걀찜을 참조하세요.

피문어죽

문어 말려 놓은 것을 피문어라고 해요. 예로부터 피문어죽은 어린아이나 노인들의 보양식이었다고 하죠. 남은 피문어는 냉동실에 보관하면 오래 두고 먹을 수 있어요.

재료 준비

쌀 $\frac{1}{2}$컵, 피문어 다리 2개, 참기름 2숟갈, 물 3$\frac{1}{2}$컵, 까나리액젓 1숟갈, 소금 조금, 구운 김 1장, 통깨 조금

1 피문어는 가위로 잘라 물에 4시간쯤 불리고, 쌀은 여러 번 씻어 2시간쯤 불려요.

2 불린 피문어를 커터에 넣고 곱게 갈아 냄비에 참기름을 두르고 잠깐 볶다가 쌀을 넣고 거의 투명해질 때까지 볶아요.

3 물을 붓고 쌀이 푹 퍼질 때까지 끓인 뒤 액젓, 소금으로 간을 해요. 그릇에 담고 통깨와 구운 김을 곱게 부수어 올려요.

꼬물댁의 요리 비법!

삶은 피문어 활용하기 피문어죽을 꼬물이 이유식으로 준비할 땐 미리 불린 피문어를 푹 삶아 국물만 우려내어 죽을 끓였어요. 그리고 삶아 낸 피문어 건더기는 버리지 않고 꼬물이의 치아발육기 대신 사용했답니다. 인공으로 만든 것보다 맛(?)도 좋고 부드러워 꼬물이가 참 좋아했어요.

호두죽

호두와 대추를 곱게 갈아 끓인 호두죽은 고소한 맛과 특유의 쌉쌀한 맛이 어우러진 건강 죽이에요. 먹고 나면 아주 좋은 음식을 먹었다는 만족감에 기분이 좋아지죠.

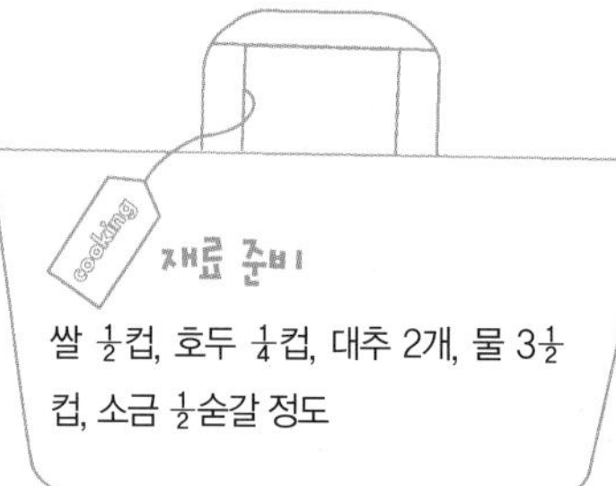

재료 준비

쌀 $\frac{1}{2}$컵, 호두 $\frac{1}{4}$컵, 대추 2개, 물 $3\frac{1}{2}$컵, 소금 $\frac{1}{2}$숟갈 정도

쌀을 여러 번 깨끗이 씻어 6시간 이상 불려요.

대추를 한 번 씻어 물에 30분 정도 불린 뒤 주름이 펴지면 껍질을 깨끗이 씻고 돌려 깎아요. 씨는 버리고요.

믹서에 쌀과 물 2컵을 넣고 갈다가 쌀이 곱게 갈아지면 호두, 대추를 넣어 조금 더 갈아요.

냄비에 ③을 쏟고 물을 더 부어 적당한 농도가 될 때까지 저어 가며 끓여요. 마지막에 소금으로 간을 맞춰요.

꼬물댁의 요리 비법!

쌀 갈아 죽 쑤기 쌀을 갈아서 죽을 쑬 경우는 숟가락으로 계속 저어 가며 끓여야 멍울도 생기지 않고 냄비 바닥에 눋지 않아요. 호두는 물을 많이 흡수하기 때문에 물을 넉넉하게 넣고 끓여야 농도가 알맞아요. 대추는 입맛에 따라 빼도 괜찮아요.

잣죽

고소한 맛으로 따지면 잣죽을 빼놓을 수 없죠. 잣을 곱게 갈아도 좋지만 조금 덜 갈아 넣으면 고소하게 씹히는 맛이 색다르답니다.

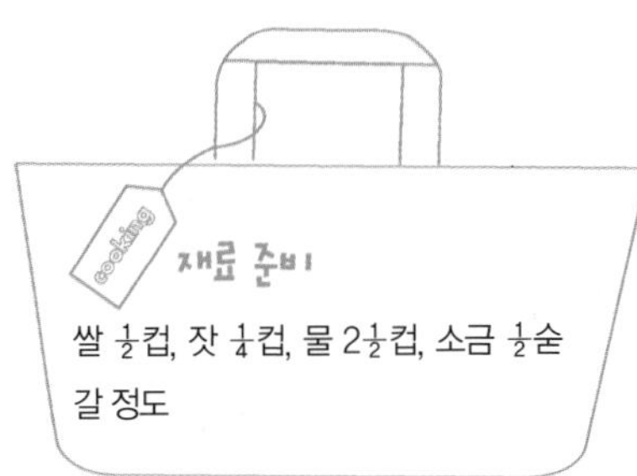

재료 준비

쌀 $\frac{1}{2}$컵, 잣 $\frac{1}{4}$컵, 물 2$\frac{1}{2}$컵, 소금 $\frac{1}{2}$숟갈 정도

쌀을 여러 번 깨끗이 씻어 6시간 이상 불려요.

잣은 고깔을 떼어 준비해요.

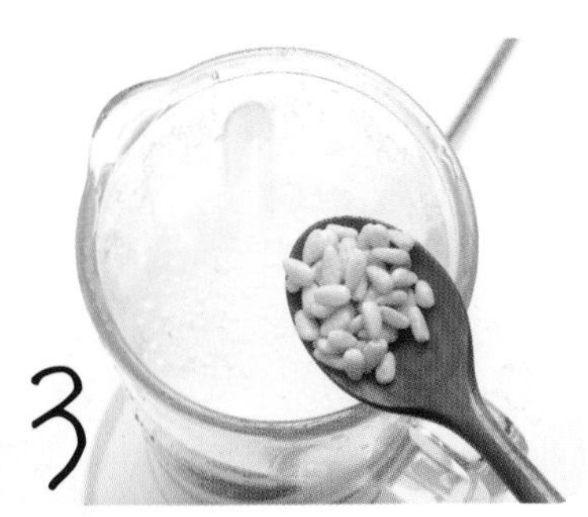

믹서에 쌀과 물 2컵을 넣고 갈다가 쌀이 곱게 갈아지면 잣을 넣어 조금 더 갈아요.

냄비에 ③을 쏟고 물을 더 부어 적당한 농도가 될 때까지 저어 가며 끓여요. 마지막에 소금으로 간을 맞춰요.

꼬꼬댁의 요리 비법!

잣죽 맛내기 잣의 고깔은 떼어 내지 않아도 괜찮지만, 깔끔한 색과 부드러운 맛을 내려면 고깔을 떼고 넣는 게 좋아요. 호두죽과 마찬가지로 계속 숟가락으로 저어 가며 끓여야 바닥에 눌어붙지 않는답니다.

단호박죽

달콤하고 부드러운 단호박죽은
색깔까지 예뻐서 아이들이
참 좋아하지요.
설탕의 양은 단호박의 당도에 따라
먹어 보면서 조절하세요.

재료 준비

단호박 1개, 물 3컵, 소금 $\frac{1}{4}$숟갈, 설탕 3숟갈

찹쌀물 찹쌀가루 2숟갈, 물 6숟갈

1 단호박을 씻어 통째로 찜통에 쪄요.

2 5분 정도 지나 젓가락이 쑥 들어가면 찬물로 식혀요. 4등분해 껍질을 벗기고 씨를 빼 낸 뒤 다시 찜통에 푹 쪄요.

3 부드럽게 찐 단호박을 물과 함께 믹서에 넣어 곱게 갈아요.

4 ③을 냄비에 붓고 저어 가며 끓이다 찹쌀물을 넣고 소금, 설탕으로 간을 해 한소끔 더 끓여요.

꼬꼬댁의 요리 비법!

단호박죽 맛내기 단호박죽에 찹쌀가루를 그냥 넣으면 뭉치기 쉽기 때문에 물에 고루 풀어서 넣어야 해요. 숟가락보다 달걀 푸는 도구를 이용하면 아주 편하지요. 찹쌀가루 대신 새알심을 만들어 넣어도 좋아요.

팥죽

팥죽은 만드는 방법이 다양하죠. 달콤한 단팥죽을 쑤기도 하고, 늙은 호박을 넣어 푸짐하게 만들기도 하고요. 이번엔 곱게 갈아서 새알심을 동동 띄운 팥죽을 만들어 봤어요.

재료 준비

붉은 팥 1컵, 물 $1\frac{1}{2}$컵, 소금 적당량

팥 삶기 왕소금 $\frac{1}{2}$숟갈, 물 3컵

새알심 반죽 찹쌀가루 1컵, 뜨거운 물 10숟갈 정도, 소금 $\frac{1}{4}$숟갈

팥을 여러 번 씻어 물, 소금을 넣고 압력솥에 밥 짓는 정도로 삶아 내요.

믹서에 삶은 팥과 팥 삶은 물을 같이 붓고 아주 곱게 갈아요.

②를 냄비에 붓고 물 $1\frac{1}{2}$컵을 더 부어 한소끔 끓여요.

새알심을 만들어 넣고 익을 때까지 조금 더 끓인 뒤 소금으로 간을 맞춰요.

꼬물댁의 요리 비법!

새알심 빚기 새알심은 찹쌀가루에 뜨거운 물을 붓고 부드럽게 익반죽을 한 뒤 동글동글하게 빚으면 돼요. 새알심을 넣지 않고 그냥 찹쌀가루로 농도를 맞춰도 되고요. 팥죽은 끓으면서 퍽퍽 튀기 때문에 약한 불로 저어 가며 조심스럽게 끓여야 한답니다. 압력솥을 사용하면 팥을 미리 불릴 필요가 없어요.

옥수수 수프

옥수수수프를 만들 때 보통 통조림 옥수수를 쓰는데, 통조림 옥수수는 식품첨가물 때문에 개운치 않아요. 유기농 매장에서 살 수 있는 냉동 옥수수를 사용해 보세요. 한결 안심이 되지요.

재료 준비

냉동 옥수수 $\frac{1}{2}$컵, 양파 $\frac{1}{4}$개, 포도씨유 1$\frac{1}{2}$숟갈, 밀가루 2숟갈, 우유 2컵, 소금 · 후춧가루 · 파슬리가루 조금씩, 식빵(또는 바게트) 1장

양파 볶기 포도씨유 $\frac{1}{2}$숟갈, 소금 · 후춧가루 조금씩

팬에 포도씨유와 밀가루를 넣고 달달 볶아 엉기면 불을 꺼요.

믹서에 볶아 놓은 밀가루, 우유, 물기 뺀 옥수수를 넣고 갈아요.

양파를 곱게 다져 완전히 익을 때까지 볶아요.

③에 ②를 붓고 저어 가며 끓인 뒤 소금, 후춧가루로 간을 맞춰요. 그릇에 담고 파슬리가루와 바삭하게 구운 식빵을 잘라 얹어요.

꼬물댁의 요리 비법!

옥수수수프 맛내기 옥수수를 갈 때 너무 곱게 갈지 마세요. 살짝 갈아야 씹는 맛이 있어 더 고소하답니다. 밀가루를 볶을 때 버터 대신 포도씨유를 사용하면 식품첨가물이나 트랜스지방 걱정을 줄일 수 있지요.

양송이 쇠고기수프

양송이쇠고기수프는 아이들이 참 좋아하는 메뉴지요. 익숙한 맛이어서 거부감도 없고요. 버터 대신 포도씨유를 쓰면 더 담백하고 몸에도 좋아요.

재료 준비

양송이 4개, 다진 쇠고기(불고기용) 2숟갈(40g 정도), 포도씨유 $1\frac{1}{2}$숟갈, 밀가루 2숟갈, 우유 2컵, 소금 · 후춧가루 조금씩

쇠고기 볶기 청주 $\frac{1}{3}$숟갈, 소금 · 후춧가루 조금씩, 포도씨유 $\frac{1}{2}$숟갈

1 팬에 포도씨유와 밀가루를 넣고 달달 볶아 엉기면 불을 꺼요.

2 믹서에 볶아 놓은 밀가루, 우유를 넣고 곱게 갈아요.

3 냄비에 쇠고기를 볶다가 다진 양송이를 넣고 살짝 볶아요.

4 ③에 ②를 붓고 저어 가며 끓인 뒤 소금, 후춧가루로 간해요. 그릇에 담고 파슬리가루를 뿌려요.

꼬물댁의 요리 비법!

양송이쇠고기수프 맛내기 밀가루를 볶을 때는 타지 않게 조심하고, 끓이는 동안은 숟가락으로 계속 저어야 멍울이 생기지 않아요. 수프 그릇 대신 둥그런 하드롤의 속을 파내고 거기에 수프를 담아 주면 아이들이 신기해서 더 좋아한답니다.

간단 백김치

백김치는 꼬물이가 제일 좋아하는 김치예요.
백김치를 제대로 담그려면 손이 많이 가는 게 사실이지만,
간단하게 만드는 방법이 있답니다.
국물을 넉넉하게 부어 시원한 백김치 국물을
떠먹는 맛도 일품이지요.

백김치

재료 준비

배추 2포기, 양파(큰 것) 1개, 배(큰 것) 1개

배추 절이기 왕소금 2컵, 연한 소금물(배추 1포기가 잠길 정도의 물, 왕소금 $\frac{1}{4}$컵)

찹쌀물 끓이기 찹쌀가루 $\frac{1}{3}$숟갈, 왕소금 1숟갈, 물 14컵

소 무 1개, 당근 1개, 쪽파 1줌, 미나리 1줌, 다진 마늘 2숟갈, 다진 생강 1숟갈, 설탕 $2\frac{1}{2}$숟갈, 소금 2숟갈 정도

배추를 지저분한 겉잎을 떼어 내고 4등분으로 잘라 연한 소금물에 푹 담가 속까지 고루 적셔요.

배추를 거꾸로 세우고 두세 잎마다 한 번씩 왕소금을 고루 뿌려 놓아요. 이때 잎 부분은 거의 뿌릴 필요가 없고, 희고 두꺼운 줄기 부분에 중점적으로 뿌려요.

소금 뿌린 배추들을 속이 위로 향하게 차곡차곡 포개어 놓고 소금이 조금 남으면 제일 위에 한 번 더 뿌려요.

고루 절여지도록 중간 중간 위아래 위치를 바꿔 가며 5시간 정도 절여야 돼요. 배춧잎의 흰 줄기 부분을 뒤로 젖혀 봐서 부드럽게 휘어지면 다 절여진 거예요.

물 $\frac{1}{2}$컵에 찹쌀가루 $\frac{1}{3}$숟갈을 섞어 찹쌀물을 준비한 뒤, 냄비에 물 13컵 반을 넣고 끓이다가 준비한 찹쌀물과 왕소금을 넣고 저어 가며 폭폭 끓여 식혀 놓아요.

절인 배추를 물에 헹굴 땐 꼭지 부분을 잡고 손가락으로 그 부분을 벌려 지저분한 것을 잘 헹궈야 해요. 서너 번 깨끗이 헹궈요.

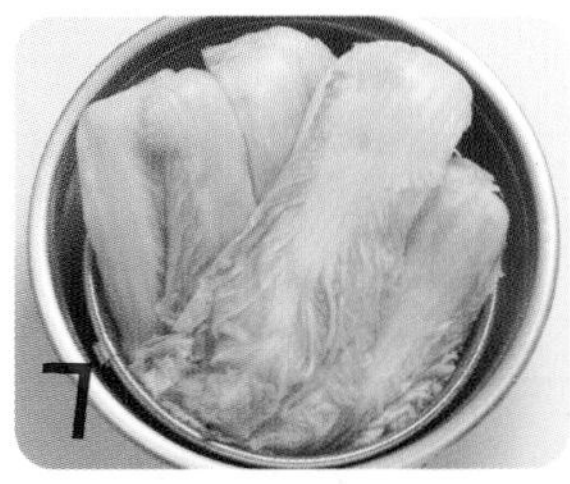

헹군 배추를 소쿠리에 엎어 물기를 쏙 빼요. 이때 서로 겹치지 않게 안쪽이 아래로 가도록 놓아야 물기가 잘 빠지지요.

무와 당근은 채 썰고, 쪽파와 미나리도 2cm 길이로 썰어요. 양파, 배는 4등분 해 놓아요.

준비한 무, 당근, 쪽파, 미나리에 다진 마늘, 다진 생강을 넣고 설탕, 소금으로 간을 해 잘 버무려요.

절인 배추의 물기를 다시 꼭 짠 뒤, 지저분한 뿌리 부분을 잎이 떨어지지 않을 정도로 살짝 도려내요.

준비한 소를 제일 바깥쪽 잎부터 한 잎당 한 번씩 넣어요.

소를 골고루 넣은 배추를 반 접어 겉잎으로 잘 싸요.

김치통 제일 밑에 양파와 배를 반쪽씩 넣고, 그 위에 소 넣은 배추를 한 켜 담아요. 이런 식으로 차곡차곡 담아요.

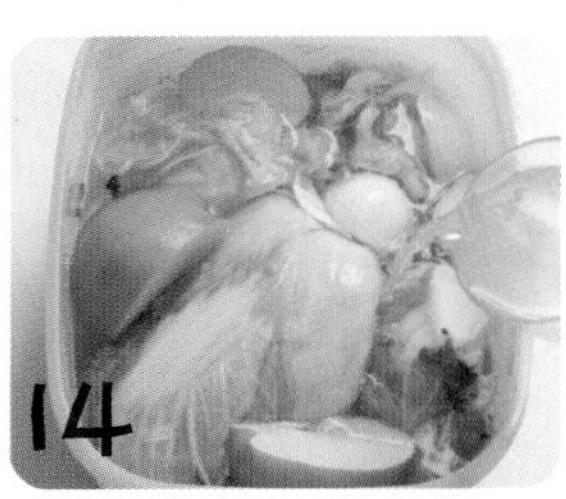

식혀 놓은 찹쌀물을 가만히 부으면 되지요.

안 매운 오이소박이

잘 익은 오이소박이는 특유의 아삭하고도 톡 쏘는 맛이 좋지요. 어린아이를 위해 고춧가루를 넣지 말고 담가 보세요. 오이소박이는 빨리 무르기 때문에 적은 양을 담가서 빨리 먹어야 맛있게 먹을 수 있답니다.

안 매운 오이소박이

재료 준비

조선오이 4개, 소금 ½숟갈 정도

오이 씻기 왕소금 1½숟갈 정도

오이 절이기 왕소금 2½숟갈

찹쌀물 찹쌀가루 ¼숟갈, 왕소금 ½숟갈, 물 2½컵

소 부추 ½줌, 양파 ¼개, 쪽파 4뿌리, 다진 마늘 1숟갈, 새우젓 국물 1숟갈, 까나리액젓 2숟갈, 설탕 1숟갈, 소금 조금

1 오이를 물에 한 번 씻어 왕소금을 묻혀 문지른 뒤 다시 물에 씻어 물기를 쏙 빼요.

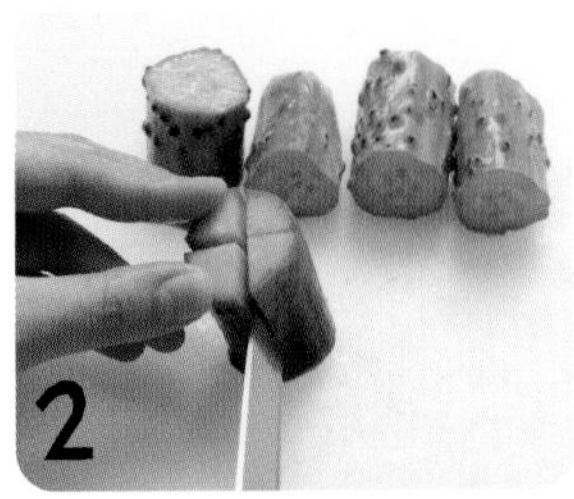
2 오이를 6~8등분 한 뒤 열십자로 칼집을 내요. 보통 오이소박이보다 작아요.

꼬꼬댁의 요리비법

오이소박이 맛있게 담그기 찹쌀물에 소금간을 나중에 또 하는 이유는 김치 소와 절인 오이의 간을 본 뒤 마지막으로 소금간을 조절하는 의미랍니다. 그러니 여기서 소금의 양은 자기 입맛에 맞게 가감하면 되겠지요. 오이는 왕소금으로 문질러 씻으면 깨끗하게 씻을 수 있어서 좋은데, 맨손으로 하면 손바닥이 많이 아프니까 고무장갑을 끼고 하세요. 고춧가루를 넣지 않고 물김치처럼 담그는 오이소박이는 금방 물러요. 보통 오이를 절이는 것보다 조금 더 절이고, 조금씩 담가 먹도록 하세요.

3 소금을 고루 뿌려 절이는데, 중간에 두어 번 위아래로 섞어 가며 고루 절여요.

4 2~3시간 정도 지나 오이를 뒤로 젖혀 봐서 잘 휘어지면 다 절여진 거예요.

5 체에 밭쳐 흐르는 물에 한 번 살짝 헹궈 소금기를 조금 없앤 뒤 물기를 쏙 빼요.

6 오이를 절이는 동안 찹쌀물을 끓여 식혀요. 냄비에 물 2컵을 끓이다가 물 ½컵에 찹쌀가루를 고루 섞어 넣고 부르르 끓여요.

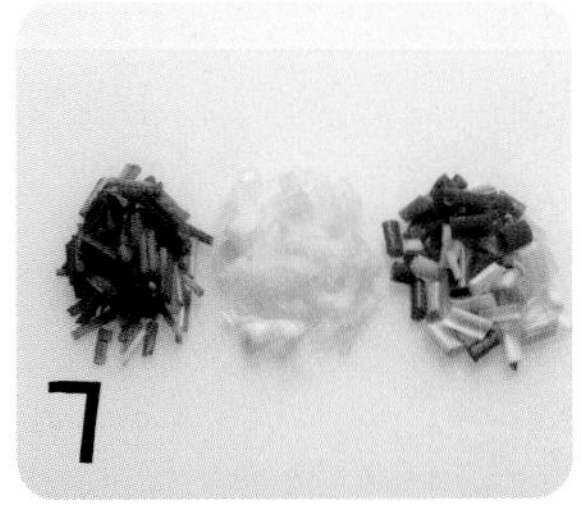
7 부추를 1cm 정도로 썰고, 양파도 같은 길이로 가늘게 채 썰어요. 쪽파는 두꺼운 흰 부분을 반 갈라 같은 길이로 썰어요.

8 부추, 양파, 쪽파에 나머지 소 양념을 넣어 살살 버무려요.

9 물기 뺀 오이에 소를 고루 집어넣어 김치통에 차곡차곡 담아요.

10 식혀 놓은 찹쌀물에 소금을 타서 간을 맞춘 뒤 가만히 부어요.

Index

친환경 아줌마 꼬물댁의 +간식
후다닥 아이 밥상

초판 1쇄 발행 2007년 6월 1일
초판 8쇄 발행 2007년 10 월 15일

지은이 임미현
펴낸이 주원석
본부장 김홍주
출판팀장 김정은
책임편집 남은영
진행 김연주
사진 한정수(스튜디오 ETC, 02-3442-1907)
디자인 ALL design(02-776-9862)
본문 스타일링 신민상 **교정** 이상희 **일러스트** 지수옥
마케팅 김중호, 정영주 **관리** 윤덕호, 서경미
도움을 준 곳 동현상사 02-2236-5864 www.craart.com, 디쉬섬 02-6405-7763 www.dishsum.com,
라니홈 031-602-8745 www.raneehome.com, 오소몰 02-3453-5421~2 www.osomall.co.kr,
윙트렁크 02-2662-8786 www.wingtrunk.com, 이케아웨이 02-928-0081~2 www.ikeaway.com

펴낸곳 미디어윌
등록 2002년 12월 5일 제10-145호
주소 서울 마포구 서교동 378-8 동현빌딩 4층
문의 (편집)02-3141-5184 (영업)02-755-5148 (팩스)02-755-5079
홈페이지 http://book.mediawill.com
분해 · 제판 경운출력 **인쇄** 굿프린팅

값 10,800원
ISBN 978-89-90784-54-4 13590